O MUNDO REAL
Socialismo na era pós-neoliberal

Tarso Genro
Giuseppe Cocco
Carlos María Cárcova
Juarez Guimarães

O MUNDO REAL
Socialismo na era pós-neoliberal

Apresentação de MÁRIO SOARES
Introdução de FERNANDO HADDAD

L&PM EDITORES

Capa: Marco Cena
Preparação: Lia Cremonese
Revisão: Elisângela Rosa dos Santos

CIP-BRASIL. CATALOGAÇÃO-NA-FONTE
SINDICATO NACIONAL DOS EDITORES DE LIVROS, RJ.

M928

O mundo real: socialismo na era pós-neoliberal / Tarso Genro... [et al.] ; apresentação de Mário Soares e introdução de Fernando Haddad. – Porto Alegre, RS: L&PM, 2008.
136p.
ISBN 978-85-254-1770-1
1. Democracia. 2. Socialismo. I. Genro, Tarso, 1947-.

08-1636. CDD: 321.8
  CDU: 321.7

© Tarso Genro, Giuseppe Cocco, Carlos María Cárcova, Juarez Guimarães, 2008

Todos os direitos desta edição reservados a L&PM Editores
Rua Comendador Coruja, 314, loja 9 – Floresta – 90.220-180
Porto Alegre – RS – Brasil / Fone: 51.3225.5777 – Fax: 51.3221-5380
Pedidos & Depto. Comercial: vendas@lpm.com.br
Fale conosco: info@lpm.com.br
www.lpm.com.br

Impresso no Brasil
Outono de 2008

Sumário

Apresentação – *Mário Soares* / 7
Introdução – *Fernando Haddad* / 11
É possível combinar democracia e socialismo? – *Tarso Genro* / 17
Democracia e socialismo na era da subsunção real:
a construção do comum – *Giuseppe Cocco* / 55
Estado social de direito e radicalidade democrática – *Carlos María Cárcova* / 93
Revolução democrática e socialismo – *Juarez Guimarães* / 107

APRESENTAÇÃO

Mário Soares *

As preocupações dos artigos que compõem este livro não se limitam às políticas concretas deste ou daquele governo ou debates imediatos e pontuais. São reflexões teóricas sobre a política, no seu sentido mais amplo e nobre, tentando perscrutar os caminhos do futuro, ou seja, o que poderá ser melhor para as pessoas, como tais, nas suas aspirações e necessidades, com um sentido agudo da justiça, da solidariedade, da tolerância e do respeito pela dignidade dos outros e das suas naturais diferenças.

Reflexões que se confrontam corajosamente com os problemas práticos e muito concretos de um mundo cada vez mais multipolar, sujeito a desafios e ameaças de uma enorme dimensão, nunca antes conhecidos. Desafios como a vulnerabilidade de um planeta gravemente ameaçado no seu equilíbrio ecológico; a escassez crescente de recursos essenciais à vida, como a água potável e os produtos alimentares básicos; as pandemias que parecem incontroláveis, como a AIDS; as inaceitáveis desigualdades sociais, que geram conflitos e revoltas inevitáveis e migrações incontroláveis; a criminalidade internacional organizada, que atua de forma intercontinental, com máfias das drogas, do dinheiro sujo, da prostituição, do tráfico de órgãos humanos e do comércio de todo o tipo de armas, incluindo as nucleares...

---

* Mário Soares licenciou-se em Ciências Histórico-Filosóficas na Faculdade de Letras da Universidade de Lisboa, em 1951, e em Direito Ativo na Faculdade de Direito da Universidade de Lisboa em 1957. Foi um ativo resistente à ditadura, tendo participado da fundação e direção de diversos movimentos socialistas e democráticos. Desde a fundação do Partido Socialista Português, em 1973, foi secretário-geral durante quase treze anos. Participou de diversos ministérios após o 25 de abril de 1974, tendo sido Primeiro-Ministro do I (1976-1977), do II (1978) e do IX Governo Constitucional (1983-1985) e Presidente da República por dois mandatos (1986 a 1996).

Desafios esses que só podem ser vencidos pela opção por um modelo de desenvolvimento orientado pela vontade de cidadãos conscientes e instituições voltadas para o bem comum, e não pela desregulamentação cabal do Estado e a direção plena do mercado, como propôs o neoliberalismo. Por isso, é preciso debater a formulação de um projeto socialista com a potência necessária para os desafios daquilo que é o título do livro: o mundo real. Socialismo que supere as limitações do passado e enfrente as agruras do presente.

Pressionado por todos esses importantíssimos desafios – e, naturalmente, por muitos outros de ordem política, econômica e social – é que Tarso Genro resolveu, com alguns qualificados amigos, Giuseppe Cocco, Carlos María Cárcova e Juarez Guimarães, elaborar um livro que vai necessariamente suscitar a reflexão e o debate sobre um problema essencial do nosso tempo nos planos político e ideológico: "É possível combinar democracia e socialismo?". Dito em outras palavras: é possível harmonizar, em tempos de neoliberalismo – na sua fase terminal, creio –, crescimento, competitividade, inovação, com uma democracia, avançada, representativa e participada, social e em absoluto respeitadora do ambiente, visto que a outra coisa não poderá aspirar, com sensatez, o socialismo democrático, do nosso tempo, após o colapso do comunismo?

É um problema que está na ordem do dia, que acompanha todo o livro que agora se apresenta, com diversas formulações e abordagens, e que é um dos problemas atuais da União Européia – dos países emergentes e de muitos outros Estados em diferentes continentes.

Acredito que, no Brasil, com um espaço tão amplo e com tantas e tão gritantes desigualdades sociais – onde o acesso ao conhecimento científico e tecnológico é ainda limitado –, a consciência de tal problema é debatida quase somente pelas elites intelectuais. Embora essas elites sejam de uma criatividade e de uma competência igual ou maior do que as européias, o debate sobre esses temas precisa ser ampliado e discutido com franqueza nos mais diversos setores sociais; afinal, estamos tratando do futuro de nossas nações e do futuro mesmo de nossa espécie.

Os outros amigos de Tarso Genro, que subscrevem o livro são, como disse, os professores Giuseppe Cocco, Carlos María Cárcova e Juarez Guimarães. O primeiro intitula a sua parte "Democracia e socialismo na era da subsunção real: a construção do comum", ocupando-se da questão da inclusão e exclusão social, que hoje, na atual etapa do capitalismo, curiosamente, afeta tanto o mundo dos ricos quanto o dos pobres, incluindo a todos no processo de desalienação do mundo. Já Cárcova discute "Estado social de direito e radicalidade democrática", em que aborda o tema com grande agudeza, buscando aprofundar os aspcetos jurídicos por meio dos quais se desconstrói ou se pode reconstruir o Estado social. Juarez Guimarães completa o livro que, com tanto gosto, vos apresento.

Há ainda um texto de introdução elaborado pelo atual Ministro da Educação, Fernando Haddad, que nos desafia a refletir sobre o capitalismo a partir da sua força de mutação permanente, que avança e se transforma ao longo da história de maneira muito mais célere do que a própria capacidade de reflexão sobre ele, encontrando barreira apenas na estrutura democrática das sociedades.

Resta-me felicitar, muito sinceramente, os autores e desejar-lhes os melhores votos de sucesso nas reflexões, nos debates e porventura nas contestações, caso sejam estimulantes, que a sua obra vai com certeza suscitar. Afinal, ousaram refletir sobre os desafios que estão colocados à nossa sociedade global, enfrentando com coragem os limites das respostas clássicas oferecidas pelo socialismo. Dessa maneira, buscam respostas reais para um mundo real, que delas necessita com a máxima urgência.

Lisboa, 30 de novembro de 2007.

Introdução

Fernando Haddad*

"É possível combinar democracia e socialismo?" – a pergunta, com a qual Tarso Genro abre as reflexões apresentadas neste volume, exige considerações preliminares para dar a efetiva dimensão da disputa que está em jogo. Com efeito, "democracia" e "socialismo" são conceitos históricos, artefatos semânticos historicamente moldados cuja significação é ambígua e de difícil determinação; já foram considerados indissociáveis tanto quanto incompatíveis; já assumiram facetas radicais e moderadas; progressistas e até mesmo conservadoras. À luz do que se passa recentemente com as democracias industrializadas do Ocidente, com a emergência de uma nova potência industrial oriental e, em especial, com a América Latina, a questão está e permanece, mais do que nunca, na ordem do dia.

De saída, é possível recuperar tanto Friedrich Engels quanto Joseph Schumpeter, com um intervalo de quase meio século entre eles. O primeiro, na Introdução (1895) a *As lutas de classe na França 1848-1850*, de Marx, chegou a atestar a inevitabilidade do socialismo democrático, considerando-se o necessário incremento do contingente populacional de operários proporcionalmente ao eleitorado, pela expansão acelerada do capital, combinado com o sucesso eleitoral dos partidos socialistas ao final do século XIX. O silogismo de Engels parecia claro: se o contingente demográfico de operários aumentar exponencialmente com o desenvolvimento

---

* Fernando Haddad é bacharel em Direito, mestre em Economia e doutor em Filosofia pela Universidade de São Paulo. Foi chefe de gabinete da Secretaria de Finanças e Desenvolvimento Econômico da Prefeitura do Município de São Paulo. É ministro da Educação desde 2005. Autor de diversos livros, como *O sistema soviético* (Scritta Editorial), *Em defesa do socialismo* (Vozes), *Trabalho e linguagem* (Azogue Editorial), entre outros.

do capitalismo e se, pelo menos tendencialmente, os operários votarem em partidos socialistas, o socialismo democrático aparecerá como conclusão. Schumpeter, por outras razões, chegaria a um diagnóstico semelhante, em *Capitalismo, socialismo e democracia*, de 1942: diante do ritmo assumido pelo processo de inovação tecnológica e pela incorporação da ciência como fator de produção, o fundamento do capitalismo – a propriedade privada – não seria capaz de assegurar a remuneração necessária dos investimentos realizados pelos empresários e, diante desse contexto, o socialismo prevaleceria. A questão era então, para Schumpeter, como compatibilizar socialismo e democracia.

O que falhou no silogismo de Engels e no de Schumpeter? O principal erro foi cristalizar o capitalismo em um momento histórico determinado e supor que sua força dinâmica havia se esgotado. Dito de outra forma, acreditou-se que a atuação sobre as premissas da acumulação de capital não ensejaria um movimento de reação tão dinâmico quanto eventualmente imprevisível.

A principal característica do capitalismo é não ter uma característica irrenunciável, com uma única exceção: a garantia das condições em que se troca força de trabalho por dinheiro nos limites exigidos pela acumulação. Daí a conversão das fronteiras entre países em válvulas reguladoras do mercado de trabalho, que se abrem e se fecham ao sabor do ciclo econômico e da demografia, criando a não-classe dos sem-cidadania. No mais, o proletariado não se tornou a maioria da população, e a propriedade privada provou ser compatível com o ritmo da inovação tecnológica; o proletariado do núcleo orgânico do capitalismo saiu da miséria, e a miséria campesina fez as revoluções socialistas do século XX. A emergência dos trabalhadores não-assalariados ou assalariados, mas não proletários – decorrência imediata de alterações fundamentais na produção e no crescente papel da informação e do conhecimento científico como fatores de produção –, colocou em xeque a questão da passagem ao socialismo pela via da ação do proletariado como sujeito histórico. O instante de realização efetiva da filosofia da práxis parece ter-se ancorado definitivamente no século XIX.

O cenário complicou-se ainda mais à luz do horizonte histórico posto pelo pós-guerra: o Estado de bem-estar social, entendido como uma tríplice recusa à primeira metade do século XX, desarmou a fé no liberalismo concorrencial "puro" (ou supostamente puro) devido à crise de 1929; fincou o pé na democracia, rejeitando as experiências nazifascistas, e ofereceu uma alternativa industrial ao planejamento estatal soviético baseada no consumo de massa e na política fiscal.

Mas o próprio Estado social não passou incólume pelo século XX: um ideário de reação à expansão das esferas submetidas ao planejamento estatal e ao crescimento do endividamento fiscal do Estado, com bases teóricas monetaristas e antikeynesianas e conhecido como "neoliberalismo", dominou o cenário político no último quartel do século XX, encabeçado pelos mandatos de Margaret Thatcher (1979-1990) no Reino Unido e de Ronald Reagan (1980-1988) nos Estados Unidos. O mote da "crise fiscal" do Estado social legitimou políticas de desregulamentação de mercados, privatização e flexibilização de direitos sociais. O sucesso dessas políticas hoje se mostra absolutamente questionável, considerando a drenagem do fundo público para projetos bélico-científicos e subsídios comerciais, assim como a incontornável necessidade de manutenção de equipamentos de bem-estar instalados – lembrando ainda o aumento da desigualdade social, da pobreza e do desemprego.

E é claro que, diante dessas realizações, o neoliberalismo já não pode ser tido como um projeto alternativo à socialdemocracia, se é que uma vez pôde ter sido considerado como tal; o neoliberalismo não completou a "revolução antikeynesiana" que tinha como pauta, pois há um importante limite político para a eficiência econômica paretiana – a democracia.

Não é à toa que, na seqüência, foi possível verificar um movimento de composição entre a higidez fiscal do Estado e a garantia mínima de direitos sociais, batizado como "terceira via" ou "governança progressista". Contudo, nem mesmo essa solução de compromisso aponta para uma abertura do horizonte político. O fato inquestionável, porém, é que o conflito entre política monetária e política social está inscrito na identidade dos governos ocidentais no século XXI. Não é equivocado, portanto, considerar que a alternativa "reforma ou revolução" já se encontra superada. A "revolução", como a transição violenta para uma nova ordem social, está seguramente fora do horizonte político contemporâneo. A própria noção de um "partido de vanguarda", encarregado de iluminar o movimento (e, ao mesmo tempo, de portar uma forma de elitismo que corre o risco de redundar em autoritarismo), parece ter perdido aderência à realidade. Falta não apenas a vanguarda, mas falta igualmente *uma* classe portadora de interesses universais encarregada de ir à luta. Nesse particular, é curioso acompanhar as reflexões de Cocco sobre o movimento imposto pela lógica da acumulação que, de um lado, fragmenta a classe trabalhadora, ao mesmo tempo em que, de outro, inclui os excluídos na condição de excluídos, sem deixar ninguém "do lado de fora". A percepção da exclusão aumenta à medida que ela desaparece. Por sua vez, também a "reforma", aqui entendida como via de superação da ordem estabelecida, como movimento ao socialismo por via da reforma social, parece ter esgotado seu potencial de transcendência, parece ter esgotado as energias mobilizadas por uma utopia da sociedade do trabalho.

O fim do socialismo real consolida, por derradeiro, o discurso oficial do "fim das ideologias" e da ausência de alternativas, recaindo em um paradoxo evidente. Nesse contexto, o socialismo, como energia utópica de transformação da sociedade, saiu de cena e remanesce, no máximo, pelo menos na maioria dos círculos intelectuais, como uma semântica anacrônica ou como arremedos despóticos encontrados apenas na periferia do capitalismo. A democracia, por sua vez, tem sido assimilada a concepções instrumentais de tomada de decisões políticas como puro método de escolha de chefes políticos, dela não cabendo esperar aquilo que não pode oferecer.

Se o socialismo real fez água; se a revolução não está disponível; se a socialdemocracia do ocidente industrializado mostrou seus limites e se o neoliberalismo não oferece uma alternativa à altura: o que resta à América Latina para o século XXI?

Os textos reunidos neste volume apontam na direção da radicalização democrática, entendendo-se com isso a capacidade de renovar estruturas enrijecidas por meio de um movimento interno, um movimento que, ao aguçar tensões sociais nos limites institucionais dos quais é preciso partir, permite que aspirações emancipatórias sejam reavivadas e resgatadas politicamente.

Vale destacar o ponto fundamental. Contra as tendências dominantes, tanto "socialismo" quanto "democracia" são tratados como conceitos não-instrumentais, mas sim substantivos. "Socialismo" significa focalizar os indivíduos menos bem-colocados da escala social e, pela ampliação do acesso a direitos e pela política social, fazê-los "subir", por assim dizer: inverter o conceito do ótimo de Pareto com vistas a evitar que se aprofunde a desigualdade social – um conceito que se aproxima do que John Rawls chamou de "princípio da diferença". "Democracia", por seu turno, tem de ser compreendida em uma visão substantiva, não apenas como regras decisórias para a escolha de lideranças, mas como o procedimento político-deliberativo capaz de, ao associar práticas de autogestão ao imperativo da transparência, ativar idéias emancipatórias capazes de alargar o horizonte político vigente, recolocando em pauta uma "utopia democrática e socialista".

Nesse passo, vale passar aos textos aqui reunidos e ao debate a que eles nos convidam.

É POSSÍVEL COMBINAR DEMOCRACIA E SOCIALISMO?

Tarso Genro*

I

Esta pergunta não interessa somente aos socialistas-marxistas e socialdemocratas. Interessa a todos aqueles que aceitem o socialismo como generalidade abstrata, como "movimento" que busca "justiça social", implementando novas condições de funcionamento da sociedade e do Estado, que transitem de mais desigualdade para mais igualdade, de mais coerção para mais autonomia e equilíbrio social. Para quem conceber que o socialismo será "instaurado" por um poder revolucionário que "destrói o Estado", que passe, a partir da destruição, a construir novas relações sociais e econômicas, as questões abordadas pelo presente texto não têm importância.

Quem entende que é possível, mesmo sem a extinção da alienação e sem a ocupação total dos poderes do Estado, iniciar a construção, no âmbito da democracia, de uma "sociedade conscientemente orientada" pode encontrar nas idéias que apresento um estímulo para o debate da utopia democrática e socialista, que não supõe a recíproca necessidade de anulação entre reforma e revolução. Entendo que a "consciência da orientação", no atual

---

* Tarso Genro, dirigente político e advogado trabalhista, foi eleito, em 1988, vice-prefeito de Porto Alegre. Entre 1989 e 1990, foi deputado federal. Entre 1992 e 1996, foi prefeito de Porto Alegre, sendo reeleito em 2001. No Governo Lula, foi ministro da Secretaria Especial do Conselho de Desenvolvimento Econômico e Social (2003), ministro da Educação (2004-2005), ministro das Relações Institucionais (2006) e, desde 2007, é ministro da Justiça. Em 2005, assumiu a presidência nacional do Partido dos Trabalhadores. Autor de diversas obras, como *O futuro por armar* (Vozes), *Utopia possível* (Artes e Ofícios), *Esquerda em processo* (Vozes), entre outros.

processo de fragmentação social e poder exacerbado do capital financeiro sobre a vida pública, é a consciência possível – da maioria dos indivíduos que compõem a coletividade, e não das "massas" abstratas – que pode colocar diversos setores da sociedade no mesmo barco da revolução democrática.[1] Uma "sociedade conscientemente orientada" é uma sociedade que só poderá ser construída com altos níveis educacionais, culturais, de inclusão social massiva, baseada numa correta distribuição da renda, e que institui – a partir da sociedade civil – diversos níveis e mecanismos de controle sobre o Estado e sobre os agentes públicos. Uma "sociedade conscientemente orientada" é o objetivo da revolução democrática. Ela alarga as possibilidades de escolhas democráticas perante o futuro indeterminado e abre espaços nos quais os socialistas lutam por seus ideais de emancipação e igualdade social.

Quem defende a posição de "instauração" do socialismo certamente lida com um sistema categorial que está referido especialmente a "como" destruir o Estado e a "como" reconstruí-lo, a partir daí "construindo o socialismo". Ao não concordar com essa visão, por considerá-la não só impossibilitada pelas mudanças históricas recentes, mas também porque não acredito no seu resultado – pelas várias amostras históricas que tivemos –, é que abordo o "socialismo" como movimento estrategicamente concebido como componente da revolução democrática, a partir da construção de uma "sociedade conscientemente orientada".

Essa, aliás, não é uma questão nova nem sua resposta é de fácil solução. Se "democracia" for tomada no sentido concreto que lhe é dado pelo presente texto, através da leitura – por

---

1. STEIN, Ernildo. "Sobre alternativas filosóficas para a consciência de si". In: STEIN, Ermildo; DE BONI, Luís A. (orgs.) *Dialética e liberdade*. Petrópolis: Vozes, 1993, p. 89: "É com a modernidade que se introduz o hábito de descartar conceitos. Mas é também nesta época que se criaram na filosofia certos conceitos que constituem elementos centrais na discussão filosófica até hoje. Entre estes conceitos figura o da consciência de si como um dos mais importantes e um dos mais centrais para a construção dos sistemas dos tempos modernos, sobretudo na tentativa para resolver o problema do conhecimento".

exemplo – do livro de István Mészáros, *Além do capital*,[2] chegar-se-á à demolidora conclusão de que a resposta é um rotundo "não". Segundo Mészáros – provavelmente um dos mais preparados teóricos e críticos do capitalismo e da globalização – o capital é incontrolável pelos meios e pelas formas que o socialismo e a socialdemocracia experimentaram até o presente.

Para o autor, todo o complexo social no qual o capitalismo está envolvido sempre reproduzirá as condições necessárias para a sua perpetuação como fonte radical de poder. Por esse motivo irremovível, qualquer estratégia "gradualista" que não interrompa a articulação "sociometabólica" do domínio do capital – mesmo que seja no bojo de uma revolução – é suicida: o capital "não pode compartilhar o poder".

As decorrências das posições defendidas por Mészáros, no que se refere a um projeto político, provavelmente não são menos "utópicas"[3] do que as que defenderemos neste texto. Mas

---

2. MÉSZÁROS, István. *Além do capital*. Londres: Merlin Press, 1995. São Paulo / Campinas: Boitempo / Editora Unicamp, 2002. LESSA, Sergio. "Resenhas – István Mészáros". In: *Crítica marxista*. São Paulo: Boitempo. p. 139-148.

3. Um interessante discurso sobre "utopia" e possibilidades históricas está em NOVE, Alec. *A economia do socialismo possível – lançado o desafio: socialismo com mercado*. São Paulo: Ática, 1989. Eis uma parte interessante do debate proposto por ele: "Vou exemplificar. Uma sociedade sem crime é um objetivo nobre, e devemos, de fato, lutar para eliminá-lo; os dados sobre assassinatos, estupros e assaltos devem ser vistos como fracassos deploráveis a serem comparados com o ideal – inatingível, mas ainda assim a meta. Enquanto existirem crimes, ninguém pode dizer que não precisamos da polícia, de trancas, etc. Entretanto, a noção de sociedade sem conflito, em que (para citar Agnes Heller mais uma vez) 'todo indivíduo luta pela mesma coisa (...), todo indivíduo expressa as necessidades de todos os outros indivíduos, e a situação não pode ser diferente', é impossível (e mesmo indesejável) do meu ponto de vista; qualquer pessoa que pense assim acerca do socialismo por certo vai se equivocar, e perigosamente. Acreditar que é possível erradicar crime pode levar a ações destinadas à sua erradicação, e tais ações, embora não obtenham sucesso total, podem chegar a efeitos positivos. A crença de que haverá unanimidade no socialismo não é apenas falsa; a única ação que ela pode originar é a erradicação da discórdia, a imposição da 'unanimidade'. Da mesma forma, a visão utópica de que não haverá abuso de poder, ou de que, na realidade, não haverá poder (cont.)

são, dada a realidade histórica que vivemos, provavelmente muito mais difíceis e longínquas para serem implementadas. Nosso esforço, aqui, é para colaborar com a retomada da discussão socialista sem o apego, necessariamente, aos cânones do marxismo "dominante" ou "vencedor", a saber, aquele inscrito na tradição da IIª e da IIIª Internacional e também sem vínculos com a idéia de um "socialismo" que já é transição para uma sociedade sem classes. O texto não renega essa possibilidade. Simplesmente não a coloca num horizonte sequer presumido.

Desejamos vincular, nesta discussão, portanto, "democracia" com um socialismo nem originário exclusivamente da teoria marxista-leninista "clássica" nem com o socialismo da sua vertente economicista típica. Trato, aqui, o socialismo mais como um "movimento" por "dentro" e por "fora" do Estado – de sucessivas transformações que obstruem a reprodução das desigualdades e ampliam as condições de igualdade – e menos a partir da pré-visão de um modo de produção desde logo determinado. E o faço, também, a partir do reconhecimento de que o imprescindível é a construção, na modernidade, de uma consciência emancipatória nova, de grupos de interesse, classes não-dominantes, indivíduos conscientemente organizados, para os quais a melhor saída para uma existência digna e plena de sentido é dar efetividade aos direitos da constituição moderna.

Penso que é possível construir essa consciência a partir de uma luta política, cultural e institucional que possa ter efeitos cumulativos e assim promover (no interior de um regime democrático aberto à sua própria radicalização) uma reforma democrática do Estado. Promover a construção de uma nova esfera pública democrática e novas relações entre Estado e sociedade:

(cont.) (nada de Estado, nenhuma necessidade de órgãos que medeiem os indivíduos, os grupos e a sociedade, nenhuma função para especialistas em administração de qualquer tipo), impede que se levem em consideração os meios necessários para evitar o abuso de poder (necessário) ou os acordos institucionais que poderiam ampliar a área de participação efetiva das massas nas decisões" (p. 364-365).

na verdade, um novo contrato social. Através deste, a pretensão é de que o poder político se desloque, progressivamente, da força econômica das classes dominantes para as classes não-dominantes, dos proprietários privados do capital financeiro para os setores produtivos públicos e privados e para os "não-proprietários" dos meios de produção, cujas ações sobre o Estado reformado sejam processadas através dos partidos, sindicatos, instituições não-governamentais e organizações de representação da sociedade civil.

Por isso, sustento que é preciso promover e aceitar a luta cotidiana para aperfeiçoar e radicalizar a democracia realmente existente, sem a preocupação exagerada de termos imediatamente um projeto estratégico "fechado". É uma luta "conscientemente orientada" para a construção de uma nova hegemonia, experimentada e legitimada no ritual democrático republicano, de modo que as idéias emancipatórias sejam, como queria Antonio Gramsci, dominantes antes, e não construídas (artificialmente) depois pela via autoritária ou ditatorial.

Tratar, portanto, a questão do socialismo como questão integrada na revolução democrática, cuja centralidade é a obstrução da barbárie e do *apartheid* social, é a efetivação dos direitos sociais da modernidade, é a democratização da formação da opinião e a construção institucional do controle público do Estado, do poder local até o centro político do governo.[4]

---

4. SANTOS, Boaventura de Sousa; AVRITZER, Leonardo. "Introdução: para ampliar o cânone democrático". In: *Democratizar a democracia – os caminhos da democracia participativa*. SANTOS, Boaventura de Sousa (org.). Rio de Janeiro: Civilização Brasileira, 2002, p. 76: "A segunda forma de combinação, a que chamamos complementaridade, implica uma articulação mais profunda entre democracia representativa e democracia participativa. Pressupõe o reconhecimento pelo governo de que o procedimento participativo, as formas públicas de monitoramento dos governos e os processos de deliberação tais como concebidos no modelo hegemônico de democracia. Ao contrário do que pretende este modelo, o objetivo é associar ao processo de fortalecimento da democracia local formas de renovação cultural ligadas a uma nova institucionalidade política que recoloca na pauta democrática as questões da pluralidade cultural e da necessidade da inclusão social".

II

Alguns fatos de alcance histórico-universal dos últimos cinqüenta anos devem ser acolhidos pela teoria para testar validades, avaliar previsões e medir distâncias entre os projetos emancipatórios do século XX e os seus resultados. Os resultados conseguidos pelas lutas em direção às utopias "positivas"[5] – aquelas que se baseiam na busca da igualdade social e da solidariedade humana – devem ser "localizados" no tempo e no espaço, para que os debates sobre o futuro aproveitem o passado, mas não sejam apenas a reposição de discussões que não têm mais conexões com a realidade.

Por exemplo: não é necessário reavivar hoje – nos mesmos termos – um debate como o proposto por Lenin no seu *A revolução proletária e o renegado Kautsky*. De uma parte, porque muitas das previsões de Kautsky,[6] que foram "aniquiladas" por Lenin, mostraram-se válidas e, de outra, porque o bolchevismo (como forma de organização política), a não ser por pequenos grupos, já é compreendido como um fenômeno tipicamente russo, carente de universalidade. Finalmente, porque não está colocado hoje, como contradição principal da política socialista, o "caminho da reforma" ou o da "revolução", tomada esta como ruptura abrupta e violenta do poder.

Essa "via" – a da revolução principalmente como violência – está historicamente interrompida, em face dos efeitos políticos

---

5. O termo "utopia" utilizado neste texto está conceitualmente ligado à exploração teórica que fez dele o marxista perseguido e depois exilado da RDA, Ernst Bloch. Bloch é autor, entre outros livros, de *Direito natural e igualdade humana* e *Sujeito-objeto*.

6. GETZLER, Israel. "Outubro de 1917: o debate marxista sobre a revolução na Rússia". In: HOBSBAWM, Eric J. (org.). *História do marxismo*. Rio de Janeiro: Paz e Terra, 1985, p. 58-59: "Como o socialismo não consiste simplesmente na destruição do capitalismo e em sua substituição por uma organização estatal-burocrática da produção, a ditadura bolchevique estava destinada a fracassar e a terminar 'necessariamente no domínio de um Cromwell ou de um Napoleão'". (A previsão feita por Kautsky realiza-se plenamente na figura de Stalin.)

e econômicos desastrosos do socialismo real. Escrevi em outra oportunidade e mantenho a posição:

> (...) a opção, seja pela "reforma" ou pela "revolução", vai se deparar com uma questão preliminar intransponível, que obriga a unificação de ambas as opções (talvez para dividi-las num outro momento): a necessidade da defesa da socialização do trabalho como alicerce para a "inclusão", numa sociedade "conscientemente orientada" (...) Uma sociedade "conscientemente orientada" [que] só pode ser uma sociedade radicalmente democrática, com um Estado sob seu controle e independente da regulação do capital financeiro (...); a porta de entrada da democracia renovada, não-manipulatória, passa a ser a igualdade, que hoje tem o nome insuportável de inclusão. É o encontro vital de um projeto socialista com uma estratégia democrática.[7]

Parece certo que a recomposição inovadora do projeto socialista deve ser feita, então, com novas categorias, que abranjam uma nova compreensão teórica das lutas com sentido socialista. São lutas dotadas de um programa de direitos através dos quais se reconheça que "reforma" e "revolução" se convertem, incessantemente, uma na outra. Inclusive como possibilidade negativa e conservadora, esta através da retomada da "revolução" neoliberal.

Essa recomposição do movimento e do projeto socialista deve ser pensada por vários partidos socialistas e grupos de opinião, marxistas ou não, neomarxistas, republicanos democráticos, para que não se corra o risco – no interior do próprio movimento – de restauração do ranço dogmático do positivismo-naturalista,[8]

---

7. GENRO, Tarso. "Democracia e modernidade imperfeita". In: *O futuro por armar*. Petrópolis: Vozes, 1999, p. 160.
8. GENRO FILHO, Adelmo. "Introdução à crítica do dogmatismo". In: *Teoria & política*, ano 1, nº 1. São Paulo: Brasil Debates, 1980, p. 90: "A práxis perdeu seu fundamento humano para dissolver-se nas forças naturais. A História Humana passa a ser um momento totalmente subordinado à História Natural. Por isso, a questão da liberdade para o dogmatismo naturalista fica reduzida à 'consciência da necessidade', entendida geralmente como uma escolha (cont.)

em que o stalinismo transformou o marxismo, inclusive vinculando-o ao autoritarismo e à ditadura:

> Uma política totalitária tende precisamente: 1) a fazer com que os membros de um determinado partido encontrem neste único partido todas as satisfações que antes encontravam numa multiplicidade de organizações, isto é, a romper todos os fios que ligam estes membros a organismos culturais estranhos; 2) a destruir todas as outras organizações ou a incorporá-las num sistema cujo único regulador seja o partido. Isto ocorre: 1) quando um determinado partido é portador de uma nova cultura e se verifica uma fase progressista; 2) quando um determinado partido quer impedir que uma outra força, portadora de uma nova cultura, torne-se "totalitária"; verifica-se então uma fase objetivamente regressiva e reacionária, mesmo que a reação não se confesse como tal (como sempre sucede) e procure aparecer como portadora de uma nova cultura.[9]

O curso de um processo de acumulação, que se faz cada vez mais irracional e violento, vem dissolvendo as conquistas republicanas, o que nos obriga a pensar – por esses e outros motivos – que a natureza de um partido socialista e a estratégia socialista devem buscar novos rumos e novas interações políticas muito além da sua relação imediatamente classista-proletária.[10] Quando,

---

(cont.) aparente no interior da necessidade objetiva. Assim, o próprio conceito de liberdade perde sua dimensão real, sua legalidade concreta, na medida em que serve para negar a subjetividade ao implicar alternativas apenas virtuais. Entretanto, a liberdade humana não é a escolha aparente no interior da necessidade objetiva, mas a escolha real no interior de uma necessidade cujo caráter objetivo é tão-somente sua totalidade aparente. Em outras palavras, trata-se de uma escolha que não é arbitrária, como julga o idealismo, e que não é absolutamente determinada, como pensa o velho materialismo. A liberdade indica a opção real dos homens no interior de uma necessidade concreta, que, sendo 'para o homem' – vale dizer, para um ser que é sujeito –, é também necessidade subjetiva".

9. GRAMSCI, Antonio. *Cadernos do cárcere*. Rio de Janeiro: Civilização Brasileira, 2000, v. 3, p. 254.

10. GARCIA, Marco Aurélio. "Pensar a terceira geração da esquerda". In: ARGOS, Alexandre Fortes (org.). *História e perspectivas da esquerda*. (cont.)

nos países culturalmente e economicamente mais avançados, a democracia retroage e a força do capital financeiro precisa "flexibilizar" as principais conquistas do "Estado-de-bem-estar" e o faz, ordinariamente, por maioria e usando os métodos democráticos tradicionais, o problema das formas de convívio político e dominação – a coerência interna do regime – torna-se uma questão política crucial.

Não é despropositada a referência à questão do partido e aos partidos. Uma das questões importantes da tradição socialista, originária do marxismo-leninismo, é a "teoria do partido". Essa teoria parte do pressuposto de que a organização política da classe operária precisa de uma "vanguarda de classe", "dentro" e "fora" do Estado, para construir o socialismo.

Essa visão fundou-se na constatação de que o próprio desenvolvimento capitalista induziria o proletariado a estar à frente de uma "revolução socialista", desde que o partido lhe adjudicasse

(cont.) São Paulo: Fundação Perseu Abramo, 2005, p. 64: "Temos classes médias importantes que se desenvolveram e tivemos, em função sobretudo das duas últimas décadas, mas também de problemas estruturais anteriores, um processo de marginalização enorme da sociedade brasileira, quer dizer, a criação dessas dezenas de milhões de pessoas que vivem um pouco à margem da produção, do consumo, e que são justamente alguns dos setores que hoje em dia estão focalizando demandas sociais extremamente importantes. Como isso se articula com as demandas do proletariado? Como isso pode configurar efetivamente um novo bloco e qual é o impacto dessa heterogeneidade social muito grande num projeto que era considerado univocamente ligado a uma classe com alguma unicidade, que era o proletariado industrial? Um outro elemento é justamente como incidem sobre os destinos do socialismo europeu os chamados novos temas, as questões de gênero, as questões ambientais, as questões culturais. Assim, a aparição desses temas foi de uma certa forma estimulada num momento em que houve uma forte crítica no interior do marxismo a uma vertente que procurava deduzir a política exclusivamente das contradições de ordem econômica. Quer dizer, a descoberta de novos conflitos, de novas contradições no interior das sociedades capitalistas, e inclusive no interior das sociedades que naquele momento se apresentavam como sociedades socialistas, como os conflitos de gênero, como os conflitos ambientais, como os conflitos no âmbito da cultura, para citar três rubricas apenas, teve uma importância muito grande para que o socialismo fosse entendido como um fenômeno mais complexo".

"de fora para dentro" a teoria científica da revolução. Mesmo considerando que isso fosse correto à época, o que dizer agora, quando a questão do socialismo sequer se apresenta como questão política concreta, e a questão democrática e os "direitos" que dela decorrem é que se tornaram a centralidade em toda a política da esquerda mundial? Não seria mais adequado hoje perguntar, por exemplo, "vanguarda" de que e para que ela se destina?[11]

Também, por isso, inicio o texto com duas conceituações "abertas", não-dogmáticas e sem qualquer pretensão de esgotamento teórico sobre "democracia" e "socialismo". Através delas, ligadas às reflexões que seguem, penso participar do esforço para a emergência de uma outra visão crítica do partido e da questão do Estado, nos quais repousam econômica, jurídica e politicamente os principais problemas da democracia e do socialismo.

---

11. Um dos elementos do leninismo que compõem a sua visão de "vanguarda", que diz respeito a qualquer organização política que tenha vocação programática (seja de que classe for), é o reconhecimento da necessidade de construção de uma "memória coletiva" de classe ou das classes, a ser acumulada e preservada, o que um aparato inorgânico não tem condições de fazer. Isso serve, repito, para quaisquer aparatos políticos que busquem o governo ou o poder, de qualquer classe social, especialmente para os partidos "dos de baixo" que queiram mudar a ordem e que, como decorrência da sua condição, não têm aparatos educativos e culturais capazes de suprir as suas carências de conhecimento e informação. Ver: SADER, Emir, "A teoria leninista da organização". In: *Margem esquerda – ensaios marxistas n° 4*. São Paulo: Boitempo, 2004, p. 25: "Uma das teses centrais da teoria leninista de organização que mantêm sua atualidade é a de que a classe trabalhadora não pode adquirir uma consciência global da realidade capitalista senão por uma prática social globalizante, isto é, por uma prática política. Essa prática só pode ser desenvolvida por um setor da classe trabalhadora capaz de desenvolver uma prática política permanente, mesmo nos períodos de refluxo de massa, mesmo nas fases de ofensiva política e ideológica burguesa. Esse é o fundamento estrutural da necessidade de um partido de vanguarda. Esse partido funciona como memória coletiva da classe trabalhadora, impedindo que os conhecimentos e experiências acumulados se percam nas inevitáveis fases de refluxo dessas lutas, que asseguram a continuidade da acumulação de consciência nas condições de descontinuidade da atividade política das massas".

É possível combinar democracia e socialismo? | 27

III

Quando me referir, aqui, à "democracia", faço-o retirando do seu conceito qualquer inflexão mais especulativa ou teórico-acadêmica e reporto-me ao seguinte: democracia como regime político que é guiado por uma Constituição, que dê sustentabilidade aos direitos sociais modernos, garanta o respeito aos direitos humanos e ofereça previsibilidade para os sujeitos coletivos e individuais. Regime dotado de um tecido jurídico afirmativo das liberdades políticas, do pluralismo, da liberdade de culto e de imprensa, que permita a eleição dos governantes e parlamentares por processos livres, que contemplem a rotatividade no poder. Regime que se realize através de um Estado dotado de instituições controláveis e reciprocamente controladas, cujo sistema de justiça e de exercício da repressão esteja sempre abrigado na Constituição democrática. As formas que as suas instituições adquirem na república democrática são historicamente determinadas, segundo o contrato político instituído no processo constituinte.

Quando me referir, aqui, a "socialismo", quero reportar-me a um certo tipo de organização da sociedade cujos mecanismos de funcionamento da sua economia, do seu sistema financeiro, dos seus processos de trabalho e de lazer, das suas instituições de enlace entre os diversos fatores da produção tenham como finalidade eliminar a carência, reduzir crescentemente as desigualdades sociais, culturais e inter-regionais. Uma sociedade de tal modo organizada que expanda as possibilidades de os indivíduos decidirem sobre a própria vida privada, sobre as formas e os meios através dos quais eles vão cumprir as suas obrigações coletivas para colaborar para uma boa vida da coletividade, medida "pela qualidade de vida dos seus membros mais fracos".[12]

---

12. BAUMAN, Zygmunt. "A sociedade líquida". Entrevista ao jornal *Folha de São Paulo*, Caderno Mais!, 19/10/2003, p. 6-7: "Nunca abandonei Marx, apesar de minha intoxicação pelo 'marxismo' realmente existente ter sido, felizmente, breve; de fato, terminou cedo, no momento em que o vi como era: um imenso obstáculo para a recepção e manutenção da mensagem ética de Marx – de que a qualidade de uma sociedade deve ser testada pelo critério da (cont.)

As estruturas econômicas desse modelo, a tipologia das suas empresas, as relações entre as unidades privadas, públicas estatais "puras" e cooperadas[13] de produção evidentemente devem ser pensadas a médio e longo prazo.

(Quanto à tipologia das empresas, numa nova visão socialista, já não seria demais configurar, técnica e politicamente, fundamentos de uma nova teoria da empresa – a partir da importância que elas têm no avanço da produção e da sociabilidade humana no desenvolvimento da modernidade – pensando em instituições produtivas e de serviços, tais como empresas públicas não-estatais, empresas estatais sob o controle do usuário, empresas privadas de interesse público estratégico, instituições privadas de serviços para recuperação do capital natural, com regimes fiscais e trabalhistas próprios, além de instituições públicas não-estatais para o cumprimento de funções de interesse do Estado, além daquelas já existentes e das instituições cooperadas, estas muito

---

(cont.) justiça e 'fair play' que regulamenta a coletividade humana. Eu espero ter o direito de dizer que nunca abandonei essa crença. O mesmo se aplica ao meu socialismo, que, em meu entender, se resume à convicção de que, assim como o poder de carga de uma ponte se mede não pela força média de todos os pilares, mas pela força de seu pilar mais fraco, a qualidade de uma sociedade também não se mede pelo PIB (Produto Interno Bruto), pela renda média de sua população, mas pela qualidade de vida de seus membros mais fracos. O socialismo, para mim, não é o nome de um tipo particular de sociedade. É, sim, exatamente como o postulado de Marx de justiça social, uma dor aguda e constante de consciência que nos impulsiona a corrigir ou remover variedades sucessivas de injustiça. Não acredito mais na possibilidade (e até no desejo) de uma 'sociedade perfeita', mas acredito numa 'boa sociedade', definida como a sociedade que se recrimina sem cessar por não ser suficientemente boa e não estar fazendo o suficiente para se tornar melhor..." (O livro *Amor líquido* foi publicado no Brasil por Jorge Zahar Editor, Rio de Janeiro, 2004.)
13. HADDAD, Fernando. *Em defesa do socialismo*. Petrópolis: Vozes, 1998, p. 46-47: "Há muitos casos recentes de cooperativação a serem estudados, uns bem-sucedidos, outros não. Quem quer que denuncie o caráter retrógrado de um tal empreendimento simplesmente não sabe o que se passa no mundo. Em vários países desenvolvidos, há exemplos de trabalhadores que assumiram o controle acionário de pequenas, médias e grandes empresas. Há também exemplos de grandes empresas que foram originalmente organizadas sob o regime de cooperativa, por vezes financiadas por bancos populares instituídos com o fim específico de estimular tais iniciativas".

importantes em países altamente desenvolvidos, como a Espanha e a Itália.)

A experiência socialista do século passado – da Comuna de Paris à Constituição de Weimar, passando pela Revolução Russa – pode ser vista como um marco de referência. Com seus diferenciais políticos e diferentes graus de radicalidade, mas com idêntica teleologia, esse período deixou diversas pistas, positivas e negativas, para pensarmos um projeto socialista democrático. Uma das pistas positivas foi a elaboração de políticas estatais, na área da infra-estrutura, da saúde e da educação, sendo que estas últimas interessam sobretudo às crianças, aos idosos e aos setores mais excluídos da sociedade, serviços que no socialismo democrático devem ser públicos e de alta qualidade e que devem ter uma presença privada apenas para preencher opções religiosas ou de identidade cultural, e não por uma "procura" determinada pela ausência de oferta de vagas públicas ou frente à precariedade do ensino público. Uma das pistas negativas foi a irrelevância que aquelas revoluções ou reformas outorgaram à elaboração de uma teoria do Direito e do Estado que, partindo do iluminismo, permitisse a geração de instituições mais democráticas. Refiro-me a instituições mais eficazes e mais harmônicas do que aquelas promovidas pelas democracias capitalistas modernas. A experiência mostrou que a sua ausência facilitou que o socialismo se convertesse num projeto "anti-sistêmico" ou "anticapitalista", mas "que fracassou na tentativa de atingir e ultrapassar o padrão de vida oferecido pelas economias centrais",[14] inclusive no que refere à garantia das liberdades políticas para os próprios trabalhadores.

A "superação" das instituições originárias da experiência democrática moderna e sua reconstrução, num plano qualitativamente superior, não será feita sem o seu "uso" radicalizado,

---

14. HADDAD, Fernando. *Desorganizando o consenso – apresentação*. Petrópolis: Vozes, 1998, p. 10-11: "Quanto à via soviética, inaugurada pelos bolcheviques como um projeto de emancipação humana, converteu-se rapidamente, sob o comando de Stalin, num projeto de 'emancipação nacional', anti-sistêmico, ou anticapitalista, se quiserem, mas um projeto nacional, que fracassou na tentativa de atingir e ultrapassar o padrão de vida oferecido pelas economias centrais."

levando às últimas conseqüências o que elas significaram de conquistas, principalmente para o cidadão comum. O "fim social da propriedade", o cuidado que uma sociedade civilizada deve ter com os seus velhos, as suas crianças e com as pessoas de capacidade diferenciada, a "função social" da empresa e a combinação do crescimento econômico com a preservação do "capital natural" são exemplos flagrantes dessa problemática.

No que refere à questão do Direito e do Estado, no campo socialista-marxista, as tentativas de Karl Renner,[15] em diálogo com Kelsen, e de Pashukanis, em confronto com a visão tradicional do direito público, foram sufocadas. Renner foi carimbado pelas teorias ortodoxas do marxismo dominante como "revisionista", e Pashukanis teve a infelicidade de teorizar sobre a necessidade de enfraquecer os aspectos coercitivos do Estado na Rússia de Stalin: acabou sendo fuzilado.

Não há possibilidade de uma construção democrática do socialismo sem que as concepções sobre o Estado e o Direito Público, sobre as formas de controle social dos agentes públicos, e as concepções sobre as instituições de participação da sociedade nas grandes decisões públicas sejam construídas ou reconstruídas a partir da "apropriação", num plano superior, do que foi elaborado pelo direito moderno.

As duas grandes manifestações particulares e concretas da idéia socialista compõem o elenco civilizatório moderno e têm muito a colher da experiência democrática moderna. Refiro-me tanto à tradição presente no reformismo socialdemocrata quanto àquela dos modelos inspirados, direta ou indiretamente, no marxismo-leninismo e no stalinismo. Para estas últimas, o proletariado é o sujeito necessário à instauração do socialismo no bojo de uma revolução que destrói o Estado para refazê-lo com outra

---

15. HERRERA, Carlos Miguel. "L'Etat, le droit, le compromis: Remarques sur les conceptions politique-juridiques de la social-démocratie à Weimar". In: *L'arbre social-démocrate*. Paris: Presses Universitaires de France, Actuel Marx. n° 23. Premier semestre 1998, p. 59-75. Este valioso artigo oferece um bom roteiro para o estudo aprofundado do diálogo marxista sobre o Direito Público e o Estado, que foi sufocado pelas simplificações do marxismo soviético.

ordem. Trata-se de iniciar a construção de uma sociedade "inteiramente outra" e que desemboque, idealmente, na supressão de toda a coerção estatal e das diferenças sociais. Para o reformismo socialdemocrata, de outra parte, o proletariado é o sujeito ativo de um processo conciliatório que promove um contrato social cuja vigência foi possível nas condições específicas da segunda revolução industrial. Através desse contrato, as organizações proletárias negociaram uma poderosa influência sobre o Estado, visando ao uso acordado dos fundos públicos, sem a destruição do Estado de Direito.[16] Tal acordo leva aos limites a capacidade do Estado de "assumir (uma) visão de longo prazo"[17] na sociedade capitalista.

IV

Nenhum projeto socialista, obviamente, poderá ser construído sem respeitar os interesses imediatos do proletariado e dos

---

16. A visão "evolucionista" da II Internacional não colide necessariamente com a totalidade da visão de Marx, mas colide frontalmente com o leninismo como estratégia de poder, particularmente a partir da concepção de Estado, em Lenin, sintetizado no "Estado e Revolução": "Não há na obra madura de Marx e Engels, ao contrário do que afirma Lenin, nenhuma afirmação de que tais aparelhos consensuais devam ser quebrados ou destruídos. O que nela se pode constatar é a idéia de que tais aparelhos podem mudar de função (como é o caso das assembléias eleitas por sufrágio universal) ou adquirir novas determinações (fusão de poder executivo e poder legislativo), como podemos ver nos comentários de Marx à forma estatal assumida pela Comuna de Paris, que ele considerava 'a forma política afinal descoberta para levar a cabo a emancipação econômica do trabalho'" (COUTINHO, Carlos Nelson. *Marxismo e política: a dualidade de poderes e outros ensaios*. São Paulo: Cortez, 1996, 2. ed., p. 35).

17. ELSTER, Jon. *Marx hoje*. São Paulo: Paz e Terra, p. 163: "Marx afirmava que o Estado tinha que assumir a visão de longo prazo. A longo prazo, a viabilidade e, portanto, a legitimidade do capitalismo dependem do estímulo à competição. De modo semelhante, ele afirmava que a Lei das Dez Horas de 1848 tinha sido introduzida para proteger os capitalistas contra sua ambição de curto prazo. Pela superexploração dos trabalhadores, para o propósito de lucros de curto prazo, eles ameaçariam a reprodução física e a sobrevivência da classe que constituía a própria condição do lucro".

trabalhadores. Sem acordar, pois, com esses grupos e classes os seus interesses, as necessidades atuais e futuras. Inclusive como classes e grupos sociais diferenciados, que eventualmente pretendam (mesmo no âmbito do capitalismo) "negar" a sua situação de trabalhadores subordinados para melhorarem as suas condições econômicas e culturais, para liberarem-se da dependência em relação ao Estado ou aos seus patrões privados, seja através de iniciativas cooperadas, seja através de empreendimentos empresariais comuns.

Parto, porém, da premissa de que a classe operária orgânica e tradicional, sobre a qual o marxismo-leninismo ergueu seu edifício conceitual – ao contrário do que ocorria no período da segunda revolução industrial –, torna-se cada vez mais particularista. Um sujeito cada vez mais improvável de portar com principalidade, conscientemente ou não, um projeto coerente de socialismo, seja ele democrático ou autoritário. Na concepção de socialismo com que trabalho no presente texto, o proletariado atual e específico não tem qualquer papel messiânico ou substancial, mas poderá ter o papel que ele mesmo se colocar, a partir da requalificação consciente do seu universo corporativo. Essas concepções só podem vir do seu ser social atual e real, "em si", "dentro" das suas lutas e conciliações, e não a partir de "fora" da sua vida social e produtiva, como entendeu o leninismo.

A capacidade cada vez menos universalizante das lutas operárias tradicionais – demandas econômicas e propostas ao Estado, de políticas "para si" – decorre, de uma parte, da redução numérica do seu contingente "clássico", organizado na fábrica moderna. Decorre, de outra parte, da qualidade dos seus novos interesses imediatos (desde a sua adversidade em relação aos imigrantes até as lutas que travam contra a informalidade). Origina-se, principalmente, do deslocamento das funções mais importantes no processo de reprodução do capital, em direção aos trabalhadores não-assalariados ou assalariados não-proletários.

Refiro-me àqueles grupos organizados em estruturas autônomas, terceirizadas, "quarteirizadas", ora articuladas no entorno da produção cultural, dos serviços de segurança privada, da produção e do armazenamento do conhecimento, da pesquisa e implementação de novas tecnologias, ora vinculados a empresas "novo tipo", a escritórios de *design*, a firmas de franquias e a outros tipos de serviços realizados em pequenos coletivos ou isoladamente. Também àqueles prestadores e operadores nas atividades mais significativas em escritórios burocráticos ou unidades financeiras e da "sociedade informática", em atividades que têm relação jurídica subordinada ou que são feitas por "conta própria" – seja por instituições de forma cooperada ou ordinária, assim como são feitas por aqueles trabalhadores (assalariados ou não) de altíssima capacitação científica ou técnica, das mais variadas instituições públicas e privadas, produtivas ou improdutivas, todas totalmente alheias ao "mundo operário". É desse mundo complexo que pode começar, hoje, a experimentação de novos modos de produzir e ofertar serviços que possam acumular para a interrupção progressiva do "sociometabolismo" do capital, através de uma regulação que tenha por finalidade defender o ser humano concreto que subordina o mercado abstrato.[18]

---

18. SINGER, Paul. *Introdução à economia solidária*. São Paulo: Fundação Perseu Abramo, 2002, p. 120: "Então a forma mais provável de crescimento da economia solidária será continuar integrando mercados em que compete tanto com empresas capitalistas como com outros modos de produção, do próprio país e de outros países. O consumo solidário poderá ser um fator de sustentação de algumas empresas solidárias, do mesmo modo como o são os clubes de troca. Mas a economia solidária só se tornará uma alternativa superior ao capitalismo quando ela puder oferecer a parcelas crescentes de toda a população oportunidades concretas de auto-sustento, usufruindo o mesmo bem-estar médio que o emprego assalariado proporciona. Em outras palavras, para que a economia solidária se transforme de paliativo dos males do capitalismo em competidor do mesmo, ela terá de alcançar níveis de eficiência na produção e na distribuição de mercadorias comparáveis aos da economia capitalista e de outros modos de produção, mediante o apoio de serviços financeiros e científico-tecnológicos solidários". (Paul Singer oferece importante contribuição, nos diversos trabalhos que publicou sobre o assunto, a respeito de novas formas de organização do mundo do trabalho no capitalismo, inclusive como proposição de uma "contratendência" ao poder social e político absoluto do capital.)

Não parto, todavia, da visão de que as classes sociais estão em extinção ou de que a luta entre elas "cessou". Ou mesmo de que o "trabalho" perdeu a sua centralidade na sociedade capitalista contemporânea. Sugiro, porém, que as classes estão em profunda mutação objetiva, com reflexos importantes nas suas formas de socialização e na sua vocação política. Trata-se, na verdade, da abertura de um novo mundo do trabalho,[19] indiferente às "premissas indiscutíveis da tradição socialista", cuja subjetividade é construída separadamente da cultura da luta de classes, vigente à época em que as grandes fábricas modernas sintetizavam o que havia de mais avançado na base produtiva do capitalismo. É o mundo do trabalho fragmentado pela pós-modernidade, disponibilizado para novas formas econômicas e jurídicas de exploração, insuflado pela alienação consumista, que oprime ainda de forma mais radical as vidas vazias e repetitivas de milhões com seus sentimentos manipulados pela baixa cultura de massas, carentes de sentido e de perspectivas de futuro.

---

19. ELEY, Geoff. *Forjando a democracia: a história da esquerda na Europa, 1850-2000*. São Paulo: Fundação Perseu Abramo, 2005, p. 465: "Entre 1970 e 1990, dissolveram-se na Europa as bases para os movimentos socialistas do tipo clássico, o que significou não apenas o fim das antigas solidariedades de classe, mas também do capitalismo industrial subjacente a elas – concentrações de fábricas e pequenas oficinas de produção mecanizada; trabalho manual pesado nas minas e metalúrgicas; portos, ferrovias e sistemas de transporte urbano intensivos em trabalho; complexos de produção de massa enormes e ramificados, organizados nas grande cidades, províncias carboníferas, cadeias de cidades industriais e cidades dependentes de uma única indústria. Depois de dominar a sociedade européia entre as décadas de 1880 e 1960, esse cenário agora lentamente desaparecia. Desmontaram-se também as infra-estruturas governamentais da reforma socialista, desde as soberanias do Estado parlamentar e da economia nacional até os recursos comunitários urbanos do governo local. A auto-organização coletiva, os ideais de melhoria, a vida nos clubes, uma ética de progresso coletivo e de bem comum – essas culturas de apoio do socialismo também naufragaram. As masculinidades resilientes do movimento trabalhista também se tornaram objeto de mudança, desde o patriarcado dos lares operários até as práticas discriminatórias de gênero dos sindicatos e partidos e o inveterado sexismo dessas organizações. As premissas indiscutíveis da tradição socialista, sua axiomática orientação política de classe, perderam a validade".

As grandes mudanças no seu "modo de ser" e no seu "modo de vida", com alterações importantes nas relações entre as classes, comungam com um processo radicalizado de reificação em que, de forma cada vez mais agressiva, "o trabalho mercantilizado gera o puro consumidor dominado, que não produz nada daquilo que ele precisa".[20] Aqui tem inteira propriedade a formulação genial de Marx:[21]

> A produção não se limita a fornecer um objeto material à necessidade, fornece ainda uma necessidade ao objeto social (...) A necessidade que sente deste objeto é criado pela percepção dos mesmos. O objeto de arte, tal como qualquer outro produto, cria um público capaz de compreender a arte e apreciar a beleza. Portanto, a produção não cria somente um objeto para o sujeito, mas também um sujeito para o objeto (...) A produção engendra, portanto, o consumo (...) gerando no consumidor a necessidade dos produtos, que, de início, foram postos

---

20. Entrevista com André Gorz, "Outra economia no esboça no coração do capitalismo". In: Cadernos IHY Idéias nº 31, p. 3: "O trabalho mercantilizado gera o puro consumidor dominado que não produz nada daquilo de que ele precisa. O operário produtor é substituído pelo trabalhador consumidor. Constrangido a vender todo o seu tempo, a vender sua vida, ele enxerga o dinheiro como o que tudo deve comprar simbolicamente. A partir de 1920, nos Estados Unidos, e de 1948, na Europa ocidental, as necessidades primárias oferecem ao capitalismo um mercado demasiado estreito para absorver o volume das mercadorias que ele é capaz de produzir. A economia não pode continuar a crescer, os capitais acumulados não podem ser valorizados, e os lucros não podem ser reinvestidos, a não ser que a produção de supérfluos ultrapasse, mais e mais nitidamente, a produção do necessário. O capitalismo necessita de consumidores cujas compras sejam motivadas, cada vez menos, pelas necessidades comuns a todos e, cada vez mais, pelos desejos individuais diferenciados. O capitalismo precisa produzir um novo tipo de consumidor, um novo tipo de indivíduo: um indivíduo que, por seus consumos, por suas compras, queira se destacar da norma comum, distinguir-se dos outros e afirmar-se 'fora do comum'. O interesse econômico dos capitalistas coincide maravilhosamente com o seu interesse político". Gorz, no seu livro *Metamorfosis del trabajo* (Madri: Sistema, 1997), estuda profundamente este tema.

21. HADDAD, Fernando. *O sistema soviético: relato de uma polêmica*. São Paulo: Scritta, 1992, p. 229. O texto famoso de Marx foi retirado deste excelente trabalho sobre a União Soviética, que aborda os debates que ali se travaram sobre o futuro do socialismo, a partir da ditadura e do autoritarismo.

por ele como objeto. A existência de um produto não faz dele uma necessidade social, mas a generalização da sua produção torna-o uma necessidade humana historicamente determinada.

Esse é um processo universal, que atinge de forma plena toda a vida social e brutaliza a vida cotidiana do conjunto dos trabalhadores e de outros setores da sociedade, aos quais é sempre vedada e, ao mesmo tempo, estimulada a ampliação significativa do consumo. Em escala diferenciada, esse processo atinge grandes massas não-trabalhadoras, que têm o seu poder aquisitivo limitado a apenas manter um nível medíocre de reprodução das suas condições de existência.

Nessas condições, com a crise profunda de cerne do "sujeito objetivo", a questão do partido democrático do socialismo adquire importância maior. O "sujeito-classe" que deu origem ao leninismo e ao socialismo correspondente àquela época debilitou-se com a perda dos seus vínculos "necessários" com a emancipação (se é que realmente teve vínculos). O estilhaçamento das classes, então, nos aproxima mais da barbárie do que da "revolução", e a decisão dos indivíduos, grupos ou classes para mudar o mundo é também cada vez menos estimulada e mais manipulável pelas relações econômico-sociais. É cada vez menos impulsionada pela base "material" da sociedade capitalista, que fragmenta ao invés de coesionar, que individualiza ou tribaliza ao invés de coletivizar.[22]

Nesse contexto, a importância do sujeito-partido de "novo tipo", adequado ao período histórico em que vivemos – o partido da democracia contra a barbárie que só o socialismo democrá-

---

22. WALLERSTEIN, Immanuel. *Após o liberalismo: em busca da reconstrução do mundo*. Petrópolis: Vozes, 2002, p. 14: "Vivemos na era do 'grupismo' – a formação de grupos defensivos, cada um dos quais afirma uma identidade em cujo redor constrói solidariedade e luta por sobreviver, ao lado e em oposição a outros grupos semelhantes. Esses grupos enfrentam um problema político: não podem virar mais um órgão de ajuda às pessoas (o que é ambíguo do ponto de vista político, pois preserva a ordem preenchendo as lacunas que são criadas pelo colapso do Estado) se pretendem tornar-se verdadeiros instrumentos de transformação".

tico pode superar plenamente –, é bem superior ao que ajuizava o espontaneísmo de Rosa de Luxemburgo. E é diferente do que teorizou o jacobinismo leninista. Este, que teve grande importância para revolucionar pela força a sociedade gelatinosa russa, no início do século passado, hoje, além de carecer de base social real com o potencial de lutas radicalizadas, comprovou-se como germe de uma máquina burocrática e totalitária.[23]

Uma constatação também importante, para considerarmos a "questão democrática", é o fato de que, até agora (com maior proximidade daquilo que foi enunciado por Marx e Lenin), os países que fizeram ou fazem experiências socialistas (inspiradas na experiência soviética) não são países democráticos. Independentemente do juízo que se possa ter sobre as instituições necessárias para resistir a "bloqueios" e "sabotagens", internas e externas, é possível constatar ali que a ausência da cena pública, do contraditório político e da transparência plena gerou deformidades que sempre repõem a desigualdade, o poder de poucos e a utilização particularista da máquina estatal.

Deve-se levar em consideração, por outro lado, que a curta experiência socialdemocrata ao longo de quarenta anos construiu sociedades fundadas na democracia política socialmente muito mais avançadas – em termos de conferência e garantia de direitos sociais e políticos aos próprios trabalhadores – do que aquilo que foi conseguido nos países que Bobbio denominou "do comunismo histórico". Mas a socialdemocracia, como organização

---

23. O início deste processo está já no começo da Revolução Russa, em 1919, com a utilização dos sindicatos como máquina burocrática da produção, deixando a massa trabalhadora sem instituições livres que pudessem demandar sobre o patrão estatal: "Em virtude das decisões do VIII Congresso, a função de direção planificada das forças de trabalho atribuída aos sindicatos é exercida na prática pelo aparelho administrativo do Estado a que os sindicatos estão integrados, mas, considerando-se o lugar que cabe formalmente às organizações sindicais, a direção assim planificada das forças de trabalho identifica-se à instauração de uma nova 'disciplina socialista'" (BETTELHEIM, Charles. *A luta de classes na União Soviética: primeiro período (1917-1923)*. Rio de Janeiro: Paz e Terra, 1976, p. 170).

socioeconômica completa, só existe como experiência restrita em poucos países, embora algumas cláusulas do contrato socialdemocrata tenham se espalhado por várias nações do globo. Hoje, a maioria delas está em crise e em processo de "adaptação" às receitas neoliberais,[24] o que demonstra a baixíssima capacidade de resistência da socialdemocracia às exigências reacionárias do capital financeiro globalizado.

É importante, finalmente, lembrar – ainda para valorizar o tema "democracia *versus* socialismo" – que já ficou demonstrado que as experiências concretas de construção do socialismo, inclusive aquelas vinculadas à idéia de um socialismo "moderado" de caráter nacional, ou foram destruídas pela violência (Chile, Indonésia, Nicarágua) ou foram levadas a termo, por um certo período, por regimes ditatoriais ou autoritários (União Soviética, Coréia, China). Não menciono Cuba porque a ilha é um caso específico de experiência socialista, construída sob subsídio soviético, por solidariedade marcada por interesses geopolíticos na época da Guerra Fria, que não tem mais condições de ser replicada.

---

24. NEGRI, Antonio; COCCO, Giuseppe. "A insurreição das periferias". In: *Jornal Valor Econômico*, Caderno EU&, 23/24/25 dez. 2005, ano 6, n° 275, p.14-15: "A crise da sociedade salarial e a hegemonia neoliberal deixam os princípios republicanos sem efetividade na França bem como na Inglaterra dos 'rapazes bombas' ou nos Estados Unidos de Nova Orleans. Sem pacto social, sem políticas adequadas à realidade social da produção flexível, o discurso que continua rezando pela integração 'republicana' se torna uma mera retórica vazia. Da mesma maneira que os dos negros e 'latinos' de Los Angeles, dos 'piqueteros' argentinos e dos 'favelados' brasileiros, os motins franceses mostram a tatuagem hedionda que foi gravada ao longo das linhas cromáticas da discriminação racial e étnica. A ordem do 'campo' é a única resposta que o Estado sabe articular. O neoliberalismo não sabe propor nenhum modelo de integração social. A 'república' está nua. Sua 'ordem' meritocrática e racista se constitui – nas periferias francesas bem como nas favelas brasileiras – na maior ameaça contra a sociedade". Antonio Negri e Michael Hardt, no seu extenso livro *Império* (Rio de Janeiro / São Paulo: Record, 2001), trabalham estas e outras idéias, algumas muito discutíveis, sobre o estágio atual do desenvolvimento do capitalismo e suas conseqüências no plano global.

V

A fragilidade atual da idéia do socialismo, como oposição à barbárie neoliberal, não vem principalmente do desaparecimento na humanidade das aspirações à igualdade e à justiça. Estas permanecem cativando enormes contingentes, seja através da mediação da religião, seja através da idéia moral que está na base das lutas coletivas por direitos sociais e econômicos: as lutas que implicam solidariedade, compromisso, devoção e risco.

Esse esvaziamento origina-se, sobretudo, da impotência histórica da idéia socialista, que foi flagrada pelo fracasso das experiências já realizadas. A ausência de nexo histórico daquelas propostas antigas com as condições de desenvolvimento capitalista na atualidade e, além disso, a pobreza dogmática da maior parte dos discursos que defendem o socialismo são outros elementos agregados a essa crise. Marx, que preferia "duvidar de tudo", provavelmente hoje revisaria algumas das suas visões que descortinou sobre o socialismo.[25]

No que se refere à questão democrática, sua importância é indiscutível em termos ideológicos e programáticos. Há uma consciência, não somente entre os socialistas, mas entre todos os que defendem uma sociedade mais justa, de que hoje existe um *deficit* democrático, reconhecido em termos globais. Ele já ataca o cotidiano das pessoas e cria uma sociabilidade cada vez mais egocêntrica e fragmentária, que leva os cidadãos comuns ao extremo do individualismo. Ora, sem uma cultura democrática efetiva, gerada na vida cotidiana e sem propostas visíveis (para que a cotidianidade daqueles cidadãos seja também preenchida pela expectativa de uma vida melhor), dificilmente será renovado

---

25. KEHL, Maria Rita. "Civilização partida". In: *Civilização e barbárie*. NOVAES, Adauto (org.). São Paulo: Companhia das Letras, 2004, p. 105: "Vou qualificar então de 'tradição da dúvida' a tradição moderna que considero civilizada: aberta para o diferente, criativa e pouco autoritária. E de 'tradição da certeza' a corrente moderna que busca as grandes totalizações políticas e científicas, a abolição da diversidade, a imposição autoritária de um pensamento único e conseqüentemente a intolerância com o estranho".

o sentimento utópico, que é o centro de uma vida coletiva harmônica e solidária.

A questão da relação da democracia com o socialismo, portanto, torna-se mais atual e mais importante para todos os partidos socialdemocratas de esquerda e socialistas "não-soviéticos", por esses e vários outros motivos. Importante, politicamente, para as disputas em curso, porque o ideal socialista é também uma idéia reguladora do presente; e importante, estrategicamente, para a renovação teórica, moral e espiritual da utopia socialista (que hoje comove e atrai muito pouca gente), porque a evolução "espontânea" do capitalismo em direção ao futuro pode levar à destruição da humanidade.

É também reconhecida a existência de um processo de "financeirização da política", que reduz o potencial decisório dos métodos democráticos, bloqueio pelo qual são paralisadas, burocraticamente, políticas públicas oriundas de decisões "livres" do Estado. Normalmente são congeladas como direito "etéreo" aquelas normas destinadas a pelo menos reduzir as injustiças sociais mais ou menos intensas, dependendo do país ao qual nos reportamos. O *deficit* de democracia, na era em que os valores neoliberais são dominantes, também reabre a perspectiva de projetos autoritários, de qualquer matiz, que sejam capazes de iludir com soluções imediatas e cortantes.

A questão democrática, repito, é uma questão extremamente atual ("transformação da democracia fictícia em democracia efetiva"),[26] que não pode ser tomada apenas como uma questão

---

26. LUKÁCS, Georg; ABENDROTH, Wolfgang. "Terceira conversa: Elementos para uma política científica". In: *Conversando com Lukács*. Rio de Janeiro: Paz e Terra, 1969, p. 108: "Voltemos ao aspecto principal da questão, isto é, ao fato de que se trata de lutar por uma democracia efetiva e não apenas por uma democracia fictícia. De fato, hoje, em todo o mundo, poderíamos dizer que reina uma democracia fictícia. Mesmo na época stalinista havia no papel um misterioso direito de voto e mais uma série de coisas. Hoje, uma palavra de ordem eficaz e um ponto de união de todas as forças deve ser a transformação da democracia fictícia, que existe em todos os lugares, em uma democracia efetiva".

tática. Ou seja, como objetivo de uma ação política que é mediação para a instauração da "ditadura de classe", cujo resultado está muito bem exposto nas seguintes declarações de Trotsky:

> Os operários devem estar ligados a seu emprego, sujeitos a serem transferidos; é necessário dizer-lhes o que devem fazer (...). Antes de desaparecer, a coerção estatal atingirá, durante o período de transição, o seu mais alto grau de intensidade na organização do trabalho (...). Uma luta planificada, sistemática, constante e resoluta deve ser travada contra a deserção do trabalho, em particular publicando listas negras dos desertores do trabalho, formando batalhões penais compostos desses desertores e, finalmente, encerrando-os em campos de concentração.[27]

O "caminho único", dominante até em alguns setores democrático-progressistas (o caminho imposto pelos "vencedores"), mostra que, não somente em relação às questões atinentes às liberdades públicas efetivas, mas também naquelas questões vinculados à liberdade de escolha para melhores perspectivas na vida privada, as promessas do iluminismo e do socialismo moderno estão cada vez mais distantes. Os impulsos que os indivíduos detêm para buscar a felicidade pessoal tornam-se, de modo progressivo, sentimentos abstratos, que cotidianamente se desvelam em depressão, insegurança, raiva dos "bem-sucedidos", angústias indecifráveis pelo consumo não-realizado, combinados com o sofrimento de milhões pelas carências materiais.

O que restou, então, para os vencedores? Criaram um mundo melhor? É este mundo do império, dirigido por Bush, da guerra de conquista? Do domínio do capital financeiro, desmontando até as conquistas socialdemocratas? Do consumismo desenfreado e elitista? Da narcocriminalidade dominando grande parte dos recursos do mundo? Da exploração irracional dos recursos naturais? Do genocídio africano? Da concentração especulativa de

---

27. BETTELHEIM, Charles. *A luta de classes na União Soviética: primeiro período (1917-1923)*. Rio de Janeiro: Paz e Terra, 1976, p. 351.

renda? Da insensibilidade total dos "grandes" perante a fome e a doença de milhões? Este é o mundo "democrático", pós-muro de Berlim? Seu fracasso não é menor do que o fracasso soviético. É maior, porque sua crise combina, de forma mais "científica", a força coativa material do Estado subordinado ao capital financeiro com o consenso manipulado das próprias vítimas. Seu fracasso é previsível, inclusive no que refere às possibilidades de sobrevivência da humanidade, num planeta dilapidado pela acumulação irracional combinada com a depredação calculada:

(...) superar, com o atual modelo econômico, o problema do desemprego basear-se-ia em um incremento da produção e isso acabaria por destruir ainda mais rapidamente o planeta (...), para criar empregos fala-se que é preciso crescer acima de 3,5% do PIB. Um crescimento de 3,5% anual durante 20 anos significa duplicar as cifras atuais do PIB mundial quando, já hoje em dia, a economia mundial utiliza, ou melhor vampiriza, cerca de 40% da biomassa do planeta transformando-a em alimentos, combustíveis, têxteis, materiais de construção (...) O que significaria que em apenas 20 anos e sem que houvesse se gerado emprego líquido, uma só espécie, a humana, especialmente uma minoria dentro dela, estaria dilapidando 80% da biomassa do planeta (...) [28]

A questão da igualdade, da efetividade das conquistas sociais do século XX e da própria sobrevivência planetária são, portanto, questões "combinadas", extremamente atuais. Elas vinculam rejeição à barbárie e necessidade de um novo sistema regulatório para que se inaugure uma nova fase histórico-universal, na qual finalmente sejam postas as condições de reprodução da existência de forma "conscientemente orientada".

---

28. VILLASANTE, Tomás R. *Redes e alternativas: estratégias e estilos criativos na complexidade social*. Petrópolis: Vozes, 2002, p. 72-73.

VI

No período atual de descrença na idéia do socialismo em escala global e de crise no Partido dos Trabalhadores, em função dos acontecimentos de 2005, o início da recomposição consciente do projeto socialista articulado com a utopia democrática é pressuposto para a retomada da influência social e política de todos os grupos e organizações socialistas, não somente do PT, o qual já inicia sua recuperação.

Caso esse processo de recuperação não se aprofunde, é provável que a nossa base mais politizada comece a se perguntar o que a levaria a aceitar sacrifícios para reerguer a idéia do socialismo, se o seu maior partido pode vir a se tornar apenas um partido do pragmatismo de governo e portador de um reformismo sem utopia.

Embora nem o governo Lula nem o PT tenham colocado a questão do socialismo na ordem do dia, é evidente que a falta de um horizonte mais claro da pauta do partido em relação ao governo (em função do bloqueio oportuno da elaboração partidária) nos foi extremamente prejudicial.

No plano governamental, deveríamos comandar a recuperação de uma cultura republicana fortemente democrática (que deve ser prévia e concomitante à elaboração de um novo projeto socialista) e deveríamos ousar adiantar normativas de uma nova ética pública (cuja ausência também estimulou a visão materialista de que "os fins justificam os meios").

A perda de referenciais também está determinada pela orientação verticalizada que foi imprimida principalmente por alguns dirigentes que comandavam a máquina do PT (muitas vezes à revelia de suas próprias correntes) na relação "partido *versus* governo". Essa orientação teve influência no centro do governo nos dois primeiros anos e também está marcada pelo fato de que os avanços na participação da sociedade civil no controle e formulação das políticas públicas ainda não se expressou diretamente na construção do orçamento público, o que é um pressuposto de uma estratégia democrática renovada e reformadora[29].

Assim, os importantes avanços democráticos e distributivos, relacionados com o crescimento, com a política externa soberana e políticas públicas inclusivas, deveram-se, principalmente, à extraordinária capacidade política e de liderança de Lula, situação que dificilmente vai se repetir no próximo período.

O documento do nosso V Congresso, "Socialismo Petista", é de excelente qualidade. Mas deveria ter sido tomado como base para a abertura da discussão num novo nível, porém foi consagrado como documento que praticamente a encerrou de forma "conciliatória". As visões tradicionais do marxismo e da social-democracia, dentro do partido, com exceções, concordaram com ele: a maior parte dos heterodoxos estava preocupada com questões imediatas de governabilidade de curto prazo e as visões mais tradicionais de esquerda estavam ocupadas, em regra, em busca do controle político no partido e depois no governo. Concretamente, aquele documento estimulou uma moratória consensual do debate, conveniência que permitiu – por um longo tempo – que cada grupo partidário fosse levando a sua política, com referenciais socialistas (ou não), mas sempre incomunicáveis entre si. A vitória do pragmatismo dirigente no período recente, para

---

29. SANTOS, Boaventura de Sousa; AVRITZER, Leonardo. Op. cit., p. 553: "A cultura política da participação e da solidariedade é uma cultura de contracorrente nas sociedades em que domina o individualismo possessivo e mercantilista que o neoliberalismo tem levado ao paroxismo. Por isso, não é possível ficar satisfeito com a sua reiteração prática por intermédio das instituições de participação, uma vez que estas, em tal contexto, estão sempre sujeitas à perversão e à descaracterização. Para se manter e aprofundar, a cultura da participação e da solidariedade tem de se ver servida por um projeto pedagógico ambicioso que envolva o sistema educativo no seu todo, os serviços públicos, e sobretudo o terceiro setor que, apesar de ter assumido um papel cada vez mais importante na provisão das políticas públicas, tem utilizado o seu caráter privado para fugir ao controle público e recusar a instituição de mecanismos internos de participação".

quem essa discussão deixou de interessar, também tem muito a ver com esse arquivamento da discussão teórica.

Ficou demonstrado também, nesse período, que é possível "debater" sobre esse tema através de uma sucessão de "ajustes", com premissas falsas, para não chegar a qualquer lugar. Como? Mantendo as emulações ideológicas sem definições estratégicas e sem a preocupação de produzir uma elaboração doutrinária dialeticamente construída. Por exemplo: discutir para "comprovar" a superioridade de um socialismo (teórico) sobre os capitalismos (concretos) sem maiores definições estratégicas a partir do presente; elaborar "demonstrações" de que o domínio global do sistema capitalista está radicalizando os problemas da humanidade – ambientais, segurança mundial, pobreza, violência na suas diversas formas – fazendo-o de maneira puramente "constatativa"; alertar que as democracias, no império global, só avançam naquelas questões que não ameacem o poder das grandes corporações globais (casamento de homossexuais, direitos da mulher, "garantismo" jurídico para as dívidas públicas e grandes investimentos) sem considerar a magnitude e a importância da questão democrática como fundamento estruturador de uma nova política democrática com valores socialistas, o que ainda permanece como a "Esfinge".[30]

---

30. ANDERSON, Perry. *A crise da crise do marxismo: introdução a um debate contemporâneo*. São Paulo: Brasiliense, 1984, p. 93: "O problema dessa estratégia permanece ainda hoje, como há cinqüenta anos, como a Esfinge a defrontar o marxismo no ocidente. É evidente que a liberdade da democracia capitalista, magra mas real com sua cédula e carta de direitos, só pode ceder à força de uma liberdade qualitativamente maior da democracia socialista, exercida sobre o trabalho e a riqueza, a economia e a família, bem como sobre a sociedade organizada. Mas como dominar as estruturas flexíveis e duráveis do Estado burguês, infinitamente elásticas ao se ajustarem a acordos sobre os quais ele imediatamente repousa, e infinitamente rígidas em preservarem a coerção da qual ele depende finalmente? Que bloco de forças sociais pode ser mobilizado, por que meios, sempre se encarregando dos riscos de desconectar o ciclo da acumulação de capital nas nossas economias de mercado intrincadamente integradas? São questões que nos lembram constantemente que o problema da estrutura e do sujeito – estruturas do poder econômico e político cooperativo, (cont.)

O essencial da discussão para uma certa parte da esquerda mais tradicional também pôde ser escondido pela via da "moratória autoritária", a saber: partir da afirmação velada de que é necessário, num "socialismo verdadeiro" – um "período de ditadura do proletariado" – para que a democracia floresça mais tarde com mais viço e universalidade, e jamais colocar essa questão de maneira explícita. Se ficar estabelecida a falsa premissa de que a única forma de socialismo concebível como "verdadeira" é esta que foi formulada no século passado – a partir da identificação de uma missão "ensejada pelo capitalismo para a classe operária"[31] –, também a discussão do novo não avançará. Tornar-se-á impossível um debate produtivo, porque a premissa arbitrária já supõe que, quem não a aceita, nega uma afirmação que tem foros de "verdade científica": a verdade que foi comprovada pelo crivo do marxismo-leninismo, aliás teoria assim batizada pelo próprio Stalin.[32]

Com essa fórmula, porém, já estamos perante uma proposta que, embora tenha coerência formal, já tem "testes" históricos realizados e, inclusive, parâmetros alternativos – como a social-democracia – para que possamos estabelecer comparativos qua-

---

(cont.) sujeitos de alguma insurgência calculável contra elas – é um problema não apenas para a teoria crítica, mas também para a mais concreta de todas as práticas".

31. O fundamento "ontológico" de tal visão está exposto nesta fórmula metafísica de Marx: "O que conta não é aquilo que este ou aquele proletário, ou mesmo todo o proletariado, se representam temporariamente como fim. O que conta é aquilo que o proletariado é e aquilo que ele será forçado historicamente a fazer em conformidade com este seu ser". HELLER, Agnes. "A herança da ética marxiana". In: *História do marxismo*. HOBSBAWM, Eric (org.). Rio de Janeiro: Paz e Terra, v. 12, 1989, p. 116-117.

32. GORENDER, Jacob. *Marxismo sem utopia*. São Paulo: Ática, 1999, p. 74: "Capitulação, traição: esta a explicação mais encontradiça na literatura marxista. Uma explicação aceitável como descrição do comportamento dos partidos socialdemocratas e de suas lideranças, porém inaceitável precisamente como explicação". (Eram acusações feitas pelos marxistas dogmáticos contra quem não aceitava o socialismo da União Soviética como socialismo "verdadeiro".)

litativos e quantitativos. Através desses comparativos, é possível aferir se esse tipo de socialismo poderia ser regenerado, ou se os seus "desvios" poderiam ser corrigidos. Acredito que ambas as empreitadas são impossíveis.

As afirmações de que "não há contradição entre socialismo e democracia", porque "democracia só existe com socialismo" ou, ainda, que "não existe socialismo sem democracia" são totalmente falsas. Não é verdade que não exista democracia sem socialismo. Nem é verdade que o socialismo só possa existir com democracia. Muitos países são democráticos e inclusive derrotaram os ideais socialistas por métodos democráticos. Todos os países que fizeram experiências socialistas (mais além da socialdemocracia), ou são não-democráticos ou são totalitários. O "cientificismo" de tais afirmativas é mera escolástica.

VII

Ainda estamos por constituir um sistema categorial adequado[33] ao presente histórico, já que aquele originário, por exemplo, da III^a Internacional não tem mais vitalidade. As categorias históricas não são eternas, são mutáveis e reciprocamente condicionadas. Embora, é evidente, ninguém tenha uma proposição acabada para um "socialismo democrático" que possa ser fundamentada com rigor (Marx sequer tentou uma elaboração sistêmica), quero defender que o socialismo do século XX, tanto na sua versão "socialdemocrata" quanto na "burocrático-estatal" – independentemente dos seus méritos e deméritos – não tem a menor possibilidade de tornar-se vencedor no século atual.

---

33. LUKÁCS, Georg. *História e consciência de classe.* Lisboa: Publicações Escorpião, 1974, p. 249: "O marxismo vulgar desprezou por completo esta diferença. O uso que fez do materialismo histórico incorreu no erro apontado por Marx à economia vulgar: tomou categorias puramente históricas, categorias da sociedade capitalista por categorias eternas".

O socialismo apresentado como "marxista-leninista" ou como "socialdemocrata" – baseados, ambos, na força política e na importância econômica do proletariado (genericamente o mundo do trabalho do século XX) – não tem mais condições de ser regenerado. A sociedade de classes, que lhes deu origem, está profundamente modificada e aqueles projetos socialistas não têm mais "sujeitos" sociais capazes de lhes dar sustentação, seja a sustentação para uma revolução que "quebre o Estado" (quebrando também as conquistas jurídicas plebéias que ele incorpora), seja a sustentação para moldar um contrato socialdemocrata clássico (produto de uma situação histórica específica do capitalismo), que foi marcado pela conciliação contratual entre burguesia industrial e os operários organizados na grande fábrica moderna. (Esse contrato, se repetido nos dias de hoje, inclusive não teria condições de dar conta da massa gigantesca de excluídos, especialmente nos países de segundo e terceiro grupo na hierarquia do capitalismo global.)[34]

Há um outro motivo, este de fundo teórico, para que apostemos na reinvenção, e não na recuperação do velho socialismo. O marxismo mantém o seu vigor em pontos fundamentais da análise e da crítica do capitalismo e permanece sendo um referencial filosófico básico para a compressão do capitalismo e da modernidade e para "mudar o mundo". É preciso notar, contudo, que alguns dos pontos de apoio fundamentais da teoria marxista foram dissolvidos ou diluídos. Para não falar da sua visão, historicamente alienada, da "religião como ópio do povo", lembremo-nos de alguns alicerces da elaboração de Marx, a respeito do futuro do capitalismo, fundamentais para a estratégia política do "socialismo proletário".

Refiro-me à não-realizada "proletarização crescente" da sociedade; à impropriedade da previsão marxiana de que o de-

---
34. Lafontaine, socialdemocrata de esquerda que rompeu com o partido SPD (Alemanha), reconhece esta dificuldade até mesmo para os países "ricos". LAFONTAINE, Oskar. *El corazón late a la izquierda*. Barcelona: Paidós Ibérica, 2000.

senvolvimento das forças produtivas estimularia a revolução nos países capitalistas mais avançados; à superação gradativa de condições históricas que unificariam os trabalhadores numa ação internacional de caráter antiburguês e revolucionário. Ao contrário: o que ocorreu foi o aumento do número de trabalhadores, mas sobretudo naquelas atividades sem qualquer tipicidade proletária; as revoluções vingaram nos países mais atrasados e ali fracassaram; os interesses dos trabalhadores, no plano internacional (principalmente no que refere aos trabalhadores do "primeiro mundo" em relação aos demais) são cada vez mais conflitivos.

Trotsky já advertira a respeito de uma situação totalmente nova e fora dos cânones até então desenhados pelo marxismo soviético que poderia se abrir depois da Segunda Guerra Mundial. Eminentes dirigentes políticos, estudiosos e intelectuais marxistas e não-marxistas vêm trabalhando há muito sobre o tema, sem maiores acolhimentos pelo marxismo sonolento de setores ainda importantes da esquerda. Trotsky, porém, num daqueles lampejos geniais que o caracterizaram, já apontava para a necessidade de "revisão" das forças motrizes da revolução "se, contra todas as probabilidades, a Revolução de Outubro, durante a guerra atual ou logo depois, não conseguir se estender a algum país avançado..."[35], o que, como se sabe, efetivamente não ocorreu.

No entanto, o "socialismo proletário" não legou para a democracia e para o futuro da humanidade somente erros e tragédias. Ele

---

35. SALVADORI, Massimo L. Apud. "A crítica marxista ao stalinismo". In: *História do marxismo*. Rio de Janeiro: Paz e Terra, 1986, v. 7, p. 320-321: "A segunda guerra imperialista coloca as tarefas não-resolvidas em nível histórico mais elevado. A guerra é uma nova prova não apenas da estabilidade dos regimes existentes, mas também da capacidade do proletariado de substituí-los. Os resultados dessa prova terão indubitavelmente um 'significado decisivo' para a nossa avaliação da época moderna como a época da revolução proletária. Se, contra todas as probabilidades, a Revolução de Outubro, durante a guerra atual ou logo depois, não conseguir se estender a algum país avançado; e se, ao contrário, o proletariado for obrigado a recuar em todas as frentes, então teremos indubitavelmente de colocar a questão da revisão de nossa concepção da época atual e das forças motrizes dessa época".

integra, como a própria revolução burguesa, com as suas barbáries coloniais e imperiais, um processo civilizatório pós-medieval cujo desfecho ainda não está definido. Somente o bem inestimável da derrota do nazismo, cuja principal responsabilidade é atribuível ao Estado Soviético, que é produto de uma revolução, já é um legado extraordinário para o futuro comum dos seres humanos sobre o planeta Terra, se é que conquistaremos um futuro.

VIII

Quero salientar, ao final, que é possível e necessário conciliar democracia e socialismo, bem como é possível "taxas" maiores ou menores de democracia em sociedades capitalistas, sejam elas mais "avançadas" ou mais "atrasadas". Caso não seja possível, porém, combinar um projeto de revolução democrática com a retomada, mesmo no longo curso, de um sentimento majoritário alicerçado na utopia da igualdade social – consolidada pela idéia do socialismo moderno –, os movimentos e partidos socialistas perderão totalmente a sua importância histórica, e os aspectos mais conservadores e autoritários também contidos na democracia sob o capitalismo poderão firmar-se e crescer.

A médio prazo, as bandeiras da igualdade e da emancipação poderão ser falsamente retomadas por outras mãos e por novos caminhos. Talvez por algo que se aproxime dos novos projetos politizados de "eugenia social", que vêm com mais força na pós-modernidade: as utopias "negativas", aquelas que partem do pressuposto de que a ausência de um espírito nacional, a desigualdade e a violência decorrem da "natureza humana", que é diferenciável entre raças, etnias ou classes sociais.

É possível também um certo tipo de socialismo sem ancoragem num regime político-democrático. Uma ditadura do aparato estatal-partidário poderá combinar um socialismo igualitário e atrasado com formas de "engenharia política" que soneguem a liberdade, inclusive para as classes trabalhadoras, o que de resto não é uma novidade.

A "estatização da sociedade", através da extinção da vida plural da sociedade civil e do processo de monopolização da ação política "legal" pelos agentes do Estado, pode fazer avançar rapidamente a igualdade social na pobreza, para a maioria, conformando um certo tipo de regime socialista. Mas também reforçará minorias privilegiadas que se constituirão – como já ocorreu – como uma bomba de retardo para mais tarde implodir aquele edifício social.

Não há nenhuma relação necessária ou mecânica entre as formas políticas pelas quais o Estado mantém o monopólio da violência e a centralidade da produção do Direito, de um lado, e, de outro, a forma através da qual ele organiza a produção e a distribuição da riqueza produzida.

Se um socialismo de carência poderá ser reerguido com mais "eficiência", ou não, com um mínimo ou um máximo de coerção, este é outro problema. O projeto socialista pode ser autoritário ou totalitário e pode também travestir-se para apresentar-se portando novas formas de controle social e motivações ideológicas anti-humanistas. A democracia pode ainda manter a injustiça social, desde que ela consiga construir mecanismos que "naturalizem" ou "legitimem" a dominação, a partir da aceitação livre ou manipulada dos próprios dominados.

O partido moderno do socialismo democrático será aquele que conseguir, neste novo período histórico, propor e construir políticas públicas, instituições, formas de organização econômica e um novo direito público, no qual a legitimação do poder dependa, cada vez mais, das condições que o poder gera para a redução crescente das desigualdades, para o respeito e a afirmação das diferenças, para a redução dos níveis de alienação, para a redução radical da violência e da idiotização consumista.

A integração, a complementaridade e a recíproca determinação entre democracia e socialismo só ocorrerão se forem "conscientemente orientadas". Elas devem ser pensadas "de fora" e "de dentro" dos movimentos sociais, operário-sindicais, pelos setores mais modernos e recentes do mundo do trabalho e por todas as pessoas que aceitem lutar pela emancipação na defesa de políticas de igualdade e de reconhecimento de diferenças. Essa integração também deve ser pensada a partir dos movimentos democráticos da sociedade que lutam para preservar e obter dignificação cultural, étnica, sexual, sem nenhum referencial "classista".

De todas essas lutas democráticas "conscientemente orientadas", à medida que elas se opuserem à barbárie neoliberal, devem emergir propostas aplicáveis a curto, médio e longo prazo, específicas e totalizantes, que consigam refazer os laços ideológicos de solidariedade social entre oprimidos e explorados: aquela ampla maioria que, por ser excluída, é obrigada a desenvolver políticas subversivas de "inclusão" (que só podem ser adotadas pelo Estado se ele se libera da tutela escravagista do capital financeiro global), acordada com aqueles que, embora não excluídos, querem e têm o direito de ter uma vida pacífica, mais segura e mais plena de sentido (e que, para obter esse resultado, sabem que é preciso eliminar as fontes que reiteram e ampliam a miséria e a violência).

Não é impossível que, nas atuais condições de niilismo, individualismo possessivo e pessimismo, surjam alternativas, mediata ou imediatamente de caráter totalitário, com fundamentos populistas, com presumíveis "saídas" rápidas e salvacionistas para a crise da esquerda. Devemos nos prevenir contra essa possibilidade, pois qualquer totalitarismo ou autoritarismo, por mais verniz social ou "socialista" que tenha, é sempre, ou se tornará, regressivo e direitista.

Repito, não há nenhuma relação "necessária" ou de complementaridade mecânica entre as formas institucionais e as condições políticas através das quais o Estado detém o monopólio da violência e da produção do Direito, de um lado, e a organização da produção e da distribuição da riqueza produzida, de outro. Essa relação, os homens ou a constroem – conscientemente – ou aceitam as desigualdades produzidas pelo que pode ser o eterno "sociometabolismo" do capital, até a provável extinção da humanidade.

O socialismo nem sempre é democrático. O capitalismo nem sempre é ditatorial ou autoritário. Mas o socialismo que pode permanecer será aquele que for construído com democracia, para alargá-la até as suas melhores possibilidades, que ainda não se sabe claramente quais são.

Embora não fique resolvida a questão de fundo, que envolve as complicadas relações de reciprocidade e integração entre democracia e socialismo, a fórmula de Boaventura de Souza Santos ("socialismo como democracia sem fim") repõe as energias utópicas no cotidiano da política e desafia os sujeitos da luta pela igualdade e pela justiça a não capitularem para os ilusórios atalhos do autoritarismo e da ditadura.

Democracia e socialismo na era da subsunção real:
a construção do comum

Giuseppe Cocco*

Introdução

Discutir hoje democracia, socialismo e "Estado de bem-estar" parece uma tarefa difícil, quase impossível. Inútil dizer que os tradicionais pontos de referência desse debate teórico desmancharam-se no ar junto, exatamente, com aquele muro que separava as duas materializações reais desse embate político. Na realidade, o muro de Berlim não era apenas uma separação. Ele também mantinha as dinâmicas sociopolíticas das economias avançadas e do socialismo real como as duas faces de uma mesma e única moeda, de uma mesma e única linha hegemônica de um "progresso" em cujo cerne se encontrava o processo de industrialização. O "primeiro" e o "segundo" mundo competiam em um terreno muito mais próximo do que a retórica – e os conflitos – da Guerra Fria podiam deixar supor. Se ruiu o sistema soviético do "socialismo realmente existente", com ele desmoronaram também os modelos de referência do "ocidente" em geral. Não foi apenas um dos dois "centros" que disputavam a hegemonia imperialista sobre os decadentes impérios coloniais britânico e francês que entrou em crise. Foi a própria dinâmica hierárquica, que ia da periferia para ser ultrapassada pelo centro. Não há mais um "centro", um ideal-tipo de mundo em direção ao

---

* Giuseppe Cocco é doutor em História Social pela Universidade de Paris I, professor da UFRJ, editor das revistas *Global Brasil*, *Lugar Comum* e *Multitudes* (Paris). Participa da Rede Universidade Nômade. Publicou *Trabalho e cidadania* (Cortez, 2000) e, com Antonio Negri, *Global: biopoder e luta em uma América Latina globalizada* (Record, 2005), entre outros livros e artigos.

qual os diferentes países do "terceiro mundo" teriam de dirigir-se por meio de seus esforços de industrialização.

Assim, a queda do muro de Berlim significou o desmoronamento de um conjunto de visões do mundo, poderíamos até dizer de uma série de "devires-mundo", e não a afirmação linear da hegemonia de um dos modelos, aquele neoliberal personificado pela "última" superpotência: os Estados Unidos.

Se inicialmente os Estados Unidos pareciam ter-se tornado um único centro imperialista, não é difícil averiguar que o processo de transformação que arrastou o muro levou com ele todo o sistema que o sustentava. Quase duas décadas depois, são inúmeras as evidências desse deslocamento. O dólar enfrenta a concorrência de uma outra moeda internacional (o euro) que, por sua vez, é o fato de uma soberania monetária supranacional (o Banco Central da União Européia). A ex-estatal Renault é hoje um grupo franco-japonês (com a Nissan) presidida por um libanês nascido no Brasil que hoje tenta ocupar o mercado dos países emergentes, lançando um modelo de carro *low cost* concebido e produzido na Índia. A ex-estatal brasileira Companhia Vale do Rio Doce é hoje uma empresa global que opera – dentre outros países – no Canadá e na Polinésia francesa. Por sua vez, grupos siderúrgicos indianos (Mittal e Tata Steel) tomaram o controle, respectivamente, dos europeus Acelor e Corus, ao passo que o também indiano Infosys parece estar lançando uma oferta para a compra do francês Capgemini para constituir a quinta empresa mundial nos serviços informáticos.[1] As cooperações sul-sul dentro do processo de constituição latino-americana articulam-se com China e Índia, deslocando o horizonte da independência para o lado do governo da interdependência.[2] Na guerra do Iraque, o exército norte-americano está isolado e atolado, sem que contudo

---

1. Cf. "Le patriotisme économique, un déni d'analyse intenable", Paris, *Le Monde*, 28 de agosto de 2007.

2. Ver a esse respeito NEGRI, Antonio e COCCO, Giuseppe, *Global: biopoder e luta em uma América Latina globalizada*. Rio de Janeiro: Record, 2005.

tenha de enfrentar um exército de libertação nacional "armado" por outra superpotência; por sua vez, a aliança atlântica (Otan) está nas montanhas afegãs às voltas com uma guerrilha "talibã" cada dia mais incontrolável. A América Latina, da Patagônia à América Central, é atravessada por um ciclo político formidável marcado por novos governos de esquerda, todos eles ligados a processos constituintes cuja diversidade (até a moderação) não diminui a dinâmica radicalmente inovadora de cada um deles e, sobretudo, do processo continental em seu conjunto.

O conjunto dessas mudanças define um marco completamente novo, de crise da tradicional soberania nacional em direção a um novo tipo de soberania supranacional. Negri e Hardt a definiram como sendo uma soberania imperial[3]: uma soberania sem centro e sem fora, articulada em torno da monarquia militar norte-americana, da aristocracia de multinacionais e instituições supranacionais (FMI, BM, OMC, UE, etc.). Consideradas essas novas formas de soberania "imperial", afirma-se a potência democrática dos movimentos globais: desde Seattle até Rostock, passando por Gênova e pelas diferentes edições do Fórum Social Mundial.

Mas é no nível das transformações materiais dos processos industriais e do próprio estatuto do trabalho que o deslocamento aparece com mais força em todas as suas dimensões inovadoras e irreversíveis. É particularmente interessante que, nesse horizonte, a queda do muro de Berlim apareça sob uma nova luz: não mais o evento determinante e decisivo, mas o evento determinado por transformações sociais e econômicas oriundas das lutas revolucionárias de 1968. Nesses mesmos termos exprime-se Negri, em recente livro-entrevista: "Na minha cabeça, o 1989 (a queda do muro de Berlim) corresponde ao 68. Ao passo que 68 tinha abatido os muros que fechavam nossa sociedade, o 1989

---

3. NEGRI, Antonio; HARDT, Michael. *Empire*. Harvard: Harvard University Press, 2000. *Império*. Rio de Janeiro: Record, 2000.

abateu o muro que defendia o socialismo real mantendo-o fora do mercado mundial".[4]

Com efeito, a partir de 1968 podemos fazer funcionar uma análise diacrônica que nos permite apreender o debate atual sobre democracia, Estado e "socialismo" em uma perspectiva adequada. Essa perspectiva é definida por um ponto de vista subjetivo, atrelado a um novo sujeito de transformação. Não é possível pensar as alternativas contemporâneas sem considerar os processos de transformação, os conflitos que os marcam e alimentam, os sujeitos que deles são protagonistas. Naturalmente, assumir de forma metodológica essa tarefa obriga a responder sobre o que são um ponto de vista de classe, uma subjetividade revolucionária e uma produção de subjetividade, e sobre como e onde podemos pensá-los nas condições atuais.

Ora, a partir do evento revolucionário de 1968 processou-se uma dupla e irreversível crise da relação salarial, com o esgotamento do regime de acumulação taylorista e o desequilíbrio estrutural do sistema de *Welfare*. A construção da hegemonia neoliberal (desde o início dos anos 1980 com Reagan e Tatcher), a implosão do bloco soviético, o processo de globalização, a terciarização da economia (e terceirização do processo de trabalho industrial) e, enfim, a fragmentação social que de tudo isso derivará constituem um conjunto de mudanças que devem ser analisadas sob o prisma do deslocamento provocado pelo ciclo de lutas de 1968. Esse deslocamento diz respeito a uma crise do modo de mobilização do trabalho até então baseado na contínua expansão do processo de assalariamento.

O que se processa desde o início dos anos 1980 é o declínio do trabalho assalariado e a afirmação de outros modos de mobilização do trabalho. Aliás, o fato de o sistema econômico soviético ter constituído uma variável ainda mais rígida do industrialismo ocidental (ou seja, de sua incapacidade estrutural para capturar os novos ventos de "liberdade", de uma liberdade que vinha de baixo,

4. SCELSI, Ralf Valvola (org.).*Goodbye Mr. Socialism*. Milão: Feltrinelli, 2006, p. 9.

produzida pelo antagonismo produzido por novos sujeitos sociais) será um dos fatores determinantes da crise daquele sistema.[5] É nesse horizonte que temos de discutir as alternativas atuais ao Estado e ao mercado. Nesse sentido, problematizaremos aqui a crise da relação salarial e a emergência de novos modos de mobilização do trabalho em três passos conceituais:

1) em primeiro lugar, a crise da relação salarial é analisada como crise da sociedade disciplinar;

2) em segundo lugar, a saída para uma sociedade pós-industrial é apreendida nos termos marxianos da passagem da subsunção formal para a subsunção real, e mobiliza-se a discussão sobre exclusão e inclusão para pensar os paradoxos dessa mutação;

3) em terceiro lugar, tentaremos concluir provisoriamente discutindo, dado o esgotamento do horizonte da transição socialista, os temas da radicalização democrática e da constituição do comum.

O ASSALTO À SOCIEDADE DISCIPLINAR E A CRISE DA RELAÇÃO SALARIAL FORDISTA

A "grande transformação" dos anos 1930: o keynesianismo entre americanismo, sovietismo e nazifascismo

Não é possível apreender os determinantes da crise do "Estado intervencionista" (keynesiano) sem uma visão adequada do funcionamento daquele Estado e de sua genealogia. Precisamos, pois, voltar ao modo de "regulação" política e social da economia que havia sido implementado no segundo pós-guerra, depois de sua gestação "rooseveltiana", já na década de 1930. Isso nos

---

5. Negri expressa-se nestes termos: "A contradição paradoxal que representa o *gulag* e seus milhões de mortos [está no fato de que] foram presos exatamente aqueles homens livres dos quais os *soviets* precisavam para desenvolver não apenas a eletrificação, mas também a informatização da sociedade e a automação das fábricas" (SCELSI, Ralf Valvola. Op. cit., p. 16).

permitirá ver que essa "regulação" não se caracterizava tanto pelo papel desempenhado pelo Estado (keynesiano, intervencionista), mas pela articulação entre esse Estado (sobretudo de seu sistema de bem-estar, o *Welfare State*) e uma específica configuração da relação salarial, que chamaremos de "fordismo". Sem o "fordismo", o keynesianismo e o taylorismo ficam "sem qualidade", exatamente como o protagonista do romance clássico de Robert Musil, o "homem sem qualidades" que não soube resistir ao nazismo.[6] Para explicitar o que queremos dizer, nada melhor do que lembrar que, ao longo da década de 1930, a grande transformação – a intervenção do Estado na economia – foi um fenômeno generalizado: da União Soviética aos Estados Unidos rooseveltianos, passando pela Alemanha nazista, a Itália fascista e chegando até Vargas e ao regime argentino que levava em seu bojo Perón e o peronismo. Todas essas experiências foram marcadas pelo intervencionismo estatal e todas, no plano da recuperação econômica e das dinâmicas do emprego, foram relativamente bem-sucedidas. Todas as economias industrializadas do norte lançaram-se na produção de bens de consumo de massa. Lembremos que o "carro do povo", o *Volkswagen,* foi criado pelos nazistas. Não por acaso, o próprio Karl Polanyi definiu o nazismo como uma "ressocialização dramática do mercado".[7] Como Galbraith apon-

---

6. Fazemos referência ao clássico do austríaco Robert Musil que, justamente no período entre as duas guerras mundiais, problematizava a perda de sentido do progresso em seu romance *Der Mann Ohne Eigenschaften*, v. 1 (1931) e v. 2 (1933) (*O homem sem qualidades*. Rio de Janeiro: Nova Fronteira, 2002). O protagonista escrevia em seu diário: "(...) Há algo, na vida humana, que impõe à felicidade a brevidade (...). Esse algo faz com que a nossa vida nos deixe completamente indiferentes; que possamos indiferentemente comer carne humana e construir catedrais. É por isso que é sempre a mesma história (...)" (v. 2, Paris: Seuils-Points, 1956, p. 611).

7. Autor de *A grande transformação* (1941). No prefácio à tradução francesa (*La grande transformation*. Paris: Gallimard, 1983), Louis Dumont define a ressocialização da economia como a grande inovação dos anos 1930-1945 e enfatiza que, para compreender o fascismo alemão, é preciso apreender a Inglaterra liberal: "O totalitarismo não é visto – por Polanyi – como um fenômeno aberrante, mas como algo enraizado no cerne mesmo da modernidade econômico-social" (p. IV).

tou, as despesas públicas tipicamente keynesianas dirigiam-se, na Alemanha, na Rússia e nos Estados Unidos, maciçamente para o rearmamento e o esforço de guerra.

Isso significa que, se tomamos como única e principal referência o nível de intervenção do Estado (o keynesianismo), ficamos sem saber como diferenciar as três grandes trajetórias que marcaram, na década de 1930, a grande transformação. Como podemos diferenciar, entre eles, o americanismo, o nazifascismo e o sovietismo?

Sabemos que uma diferenciação foi definida no campo de batalha: o americanismo, e sobretudo o sovietismo, esmagaram o nazifascismo e com ele desmoronaram paulatinamente os impérios coloniais francês e britânico. Mas não podemos certamente nos satisfazer com essa resposta *a posteriori*. Ou seja, não podemos assumi-la como discriminante ética.

A resposta que foi dada pelos militantes sindicais e pensadores neomarxistas italianos no final da década de 1950 e início da década de 1960 continua sendo extremamente atual: confrontados a um modelo (taylorista) de hegemonia norte-americano que se afirmava pelo consenso e pela integração na dinâmica de um desenvolvimento que implicava pleno emprego, proteção social e elevação dos patamares de consumo das classes médias e do operariado, os *operaístas* italianos lançaram como que um "assalto" ao próprio conceito de desenvolvimento, atualizando o conceito gramsciano de americanismo.[8] O assalto traduziu-se na

---

8. Estamos falando dos teóricos e militantes que publicavam as revistas *Quaderni Rossi* e, em seguida, *Classe Operaia*. Entre eles, Raniero Panzieri, Mario Tronti e Antonio Negri. Para uma apresentação, ver NEGRI, Antonio; LAZZARATO, Maurizio. "Introdução". In: COCCO, Giuseppe. *Trabalho imaterial*. Rio de Janeiro: DP&A, 2001. TRONTI, Mario. *Operários e capital*. Porto: Afrontamento, 1971. Devemos a Antonio Gramsci os termos "americanismo" e "fordismo". No *Caderno n. 22* (de 1934) dedicado a esses temas, lê-se: "Pode-se dizer, de modo genérico, que o americanismo e o fordismo resultam da necessidade imanente de chegar à organização de uma economia programática em que os diversos problemas examinados deveriam ser os elos da cadeia que marcam precisamente a passagem do velho individualismo econômico para a economia programática (...)". GRAMSCI, Antonio. *Cadernos do cárcere*. Rio de Janeiro: Civilização Brasileira, 2000, v. 3, p. 243.

operação teórica de qualificar politicamente o Estado planejado de tipo keynesiano a partir do ponto de vista das lutas operárias.[9] E isso afirmando que a dinâmica do desenvolvimento do americanismo era na realidade uma dinâmica operária, a conseqüência mais geral das ofensivas operárias: as européias (desde a Revolução Russa até a Revolução Alemã[10]) e – sobretudo – as ofensivas dos operários norte-americanos durante a década de 1930 e também durante a Segunda Guerra Mundial.

A "regulação" da concorrência intercapitalista depois da grande depressão de 1929 – no âmbito do *New Deal* – não implicou uma "pacificação" social. Pelo contrário: o pacto que o governo Roosevelt e os sindicatos estabeleceram tinha como objetivo a difusão do sindicato e, como máquina, a difusão e a multiplicação das greves. Era essa contínua difusão das greves – ou seja, a amplificação do conflito entre capital e trabalho – que funcionava como momento regulador que obrigava cada capitalista individual (para o qual, em nível micro, o salário era um custo que era preciso conter) a transmutar-se em capitalista coletivo (isto é a raciocinar em nível macro, no qual o salário era um determinante fundamental da demanda que era preciso sustentar).

Assim, obtêm-se os elementos de diferenciação das três trajetórias. Elementos que são extremamente úteis para o debate atual sobre o futuro do socialismo, do Estado e da democracia no século XXI. Sabemos que, antes das transformações da década de 1930, a Revolução Russa de 1917 e seu potencial continental esgotaram a guerra interimperialista: o conflito entre capital e

---

9. Tronti apreendia o ponto de vista operário como uma práxis de luta que nada tinha a ver com uma visão ideológica: "Nenhum operário que luta contra o patrão pergunte 'e depois?'. A luta contra o patrão é tudo. A organização dessa luta é tudo. E tudo já é um mundo". Op. cit., p. 16.

10. Em fevereiro de 1920, Gramsci escreveu um artigo no jornal *L'Ordine Nuovo* sobre a Revolução Alemã: "À Alemanha teria sido dada como tarefa a missão de europeizar a Revolução Russa, o sistema dos conselhos". (COUTINHO, Carlos Nelson (ed.). *Escritos Políticos*. Rio de Janeiro: Civilização Brasileira, p. 335).

trabalho tornou-se assim o antagonismo central e, junto a ele, a questão da redistribuição da riqueza em cada país, bem como em um horizonte de lutas internacionalistas que encontrou seus campos de batalha na Guerra Civil Espanhola.

Com efeito, se esquematizarmos essas três trajetórias do keynesianismo a partir do ponto de vista do grande evento inovador que foi o sucesso da revolução operária liderada pelo partido bolchevique russo, poderemos chegar a conclusões ao mesmo tempo potentes e paradoxais: paradoxais se observadas pela lupa de uma certa ideologia do "partido e da revolução"; potentes se observadas, justamente, pela lupa do ponto de vista "operário". Podemos, pois, formular a seguinte pergunta: o que significou, para a classe operária e para as suas organizações, a hegemonia de cada um desses três "modelos" em seus respectivos países ao longo da década de 1930, até o desfecho da Segunda Guerra Mundial? Em função da resposta, poderemos propor uma esquematização das "qualidades" de cada modelo.

O regime nazista alemão "relacionou-se" com a classe operária por meio de uma política assentada no que poderíamos chamar de um "tripé": extermínio, cooptação e consenso, ou seja, Dachau, a *Blitzkrieg* e a *Volkswagen*. Se, bem antes da Segunda Guerra e do genocídio dos judeus, os militantes sindicais e comunistas eram massacrados no campo de extermínio da Baviera, a "guerra relâmpago" devia oferecer ao operariado, e em geral às classes médias e populares, conquistas materiais derivadas da subordinação dos povos conquistados. Ao mesmo tempo, o pleno emprego, garantido por uma indústria nacional voltada para o rearmamento e para a democratização dos bens de consumos duráveis, visava a estabilizar um impossível consenso. No modelo nazista, não havia espaço algum para a classe operária, a não ser nos termos de uma cooptação "nacionalista" do operariado, que foi previamente preparada pela eliminação sistemática de seus militantes e que se pretendia confirmar por uma expropriação dos outros povos (das "raças inferiores"), a qual se tornará obsessiva.

O nazismo radicalizou o desvio nacionalista das reivindicações populares (os operários teriam acesso a determinadas conquistas como "alemães" – membros do povo e da "raça superior") inventado pelo fascismo italiano. Assim enveredou para o racismo e, por conseguinte, para a política de construção da pureza perdida do povo "alemão": o extermínio dos elementos "impuros" (que incluía naturalmente a expropriação de seus bens!) tornou-se elemento necessário do feroz projeto reacionário nazifascista.

No caso da União Soviética, estamos na situação oposta, mas que, paradoxalmente, acabou em resultado comparável de "pacificação" de sindicatos e lutas operárias. Podemos resumir essa situação usando a conhecida fórmula de Lenin quando – logo depois de estabilização do poder soviético – definiu o socialismo como "os *soviets* [os conselhos dos operários, dos camponeses e dos soldados] mais a eletricidade e o taylorismo". Nessa fórmula, Lenin tentava conjugar a democracia radical dos conselhos com os imperativos da industrialização. Ora, o que mais colava com a disciplina fabril e a correspondente hierarquização do trabalho intelectual de concepção, sobre o trabalho manual de execução, não eram os "conselhos", mas o partido; e ainda mais o partido-Estado e as funções burocráticas de planejamento centralizado e autoritário de um aparelho produtivo no qual a "socialização" da propriedade dos meios de produção resolveu-se na realidade um "capitalismo monopolista de Estado". Jean-Marie Vincent sublinhava:

> Na ordem hiper-hierárquica do "socialismo real" não se conhece, com certeza, a concorrência capitalista, mas uma competição surda, praticamente sem regras, que não favorece os elementos mais lúcidos e os mais críticos. Muito pelo contrário, como mostrou Alexandre Zinoviev, o "socialismo real" favorece em quase todos os níveis da vida social a mediocridade satisfeita, a recusa da mudança, o conservadorismo burocrático (...)[11].

---

11. "La fin de la pensée cuirassée", *Futur Antérieur*, n. 1, primavera 1990, Paris, L'Harmattan, p. 42-43.

Bem antes, André Gide, escritor e militante comunista francês, de volta de uma viagem à União Soviética, fazia com consternação as mesmas observações sobre a mediocridade da sociedade, a feiúra dos produtos industrializados pelo Estado, a inércia das massas e se perguntava como aceitar que "a felicidade de todos [se fizesse] às custas de cada um"? Por que aceitar que para "ser homem [seja preciso] ser conforme"?[12]

O mais trágico é que, da fórmula leninista, apenas sobraram a eletricidade e a industrialização forçada para a construção do socialismo em um único país. A industrialização forçada foi o eixo econômico de um keynesianismo soviético que teve no stalinismo seu eixo político: *exeunt* o conflito sindical e as dinâmicas horizontais de organização dos movimentos sociais. O planejamento centralizado e autoritário "equacionaria" as questões dos equilíbrios entre produção e consumo (e, portanto, os níveis salariais). Na realidade, a representação do poder dos operários na forma do partido-Estado traduzia-se no esvaziamento da expressão do poder operário, ou seja, na repressão das lutas operárias e, com elas, na repressão de toda e qualquer manifestação social que não fosse centralmente controlada e determinada.

O caso dos Estados Unidos é visto em geral como o menos atravessado pela "grande transformação", como o que mais se manteve próximo da tradição "liberal", com níveis de intervenção estatal bastante moderados. Ora, fato é que, nos Estados Unidos, a base de legitimação do intervencionismo econômico foi o *New Deal* rooseveltiano. O que foi esse Novo Pacto? Contrariamente ao que se veicula, o pacto que sindicatos e governo estabeleceram não tinha como objetivo pacificar os conflitos entre capital e trabalho, mas generalizá-los. E isso aconteceu porque a difusão horizontal da pressão operária (das greves) sobre os salários já estava funcionando como o mais eficaz mecanismo de regulação do mercado. Em outras palavras, a generalização das greves e a difusão capilar da organização sindical funcionavam

12. *Retour de l'Urss*. Paris: Gallimard, 1936, p. 42-49.

como o principal mecanismo de planejamento; e isso era efetivo porque obrigava cada capitalista a levar em conta que os salários, na era da industrialização em massa, não diziam respeito apenas aos custos, mas também à constituição da demanda. Não por acaso, a instituição central do *New Deal* era o *Collective Bargaining*: estendia-se por lei o resultado da negociação (barganha) feita, em uma determinada unidade industrial, a um ramo inteiro da indústria. Vê-se assim que o keynesianismo norte-americano acabou sendo o menos puramente "keynesiano", porque foi o mais marcado pela contínua renovação do conflito entre capital e trabalho. Por isso, muitos autores optam por falar de "fordismo" (ou "americanismo"), ou seja, colocam no cerne da trajetória norte-americana uma relação social determinada (de tipo "fordista"), na qual se deixava espaço político e institucional para o conflito sobre a repartição dos ganhos de produtividade. O antagonismo e a intensidade da luta operária explicam a dinâmica do desenvolvimento: quanto mais lutas, mais desenvolvimento. A classe operária norte-americana, dizia Tronti, conquistou os níveis de vida mais altos do mundo: a classe era forte onde o partido era fraco.[13] O capitalismo resultava mais dinâmico onde a renovação do processo de constituição da liberdade do trabalho era continuamente atualizada pelo antagonismo operário.

Temos agora de dar conta da crise desse modelo, assumindo-o como o ponto mais avançado do desenvolvimento do capital *e* da classe. Assim como Marx ensinou que é a anatomia do homem que explica a anatomia do macaco, e não o contrário, pode-se dizer que esse modelo fordista pautou os outros: o modelo soviético (já desde a fórmula leninista) e também os modelos das várias trajetórias de desenvolvimento nacional (nas economias periféricas).

---

13. "The progressive era". In: TRONTI, Mario. Op. cit, p. 296.

O fordismo: conflito, "Estado do trabalho" e sociedade disciplinar

A crise da relação salarial é fundamentalmente a conseqüência das lutas sociais contra a ordem fabril e sua articulação disciplinar na sociedade. Lutas que se deram não só no chão de fábrica, mas também, e sobretudo, na sociedade. Com efeito, o pacto rooseveltiano (o *New Deal*, o "fordismo") assumiu a pauta colocada pela ofensiva operária do início do século XX; e, ao invés de tentar reprimi-la, integrou-a como mecanismo interno ao desenvolvimento. Evidentemente, havia duas condições de possibilidade a serem atendidas: uma, prévia, dizia respeito ao fato de que o curto-circuito nacionalista, usado como meio para integrar-reprimir o movimento operário, encontrava nos Estados Unidos um obstáculo intransponível na própria composição multinacional de um operariado oriundo de maciços fluxos de imigração internacional. Não por acaso, o operariado norte-americano tinha em sua tradição a experiência internacionalista do *Industrial Workers of the World*. A segunda condição de possibilidade a ser atendida, uma condição *a posteriori*, dizia respeito o fato de que as lutas operárias se concentrariam nas reivindicações salariais, sem se conectarem com um projeto de transformação radical (socialista) da sociedade; em outras palavras, não apareceria nenhum "partido operário" para traduzir politicamente essas conquistas salariais.

A contrapartida às enormes conquistas operárias (inicialmente nos Estados Unidos e, no segundo pós-guerra, na Europa ocidental e no Japão) foi a construção de uma sociedade disciplinar moldada no chão de fábrica, em cujo cerne o sistema de *Welfare* funcionava como um "Estado do trabalho".

Por um lado, como dissemos, a inclusão na relação salarial traduzia-se numa consistente dinâmica de "integração social", num certo nível de cidadania material: um padrão de consumo afluente, impulsionado pela progressão dos salários reais, e um sistema de proteção social avançado (educação e saúde públicas, moradia, seguro-desemprego e sistema previdenciário). Por outro lado, para que o conflito entre capital e trabalho pudesse ser continuamente reconduzido no crescimento, era necessário que os mecanismos geradores dos ganhos de produtividade (os métodos tayloristas) funcionassem sempre no mais alto patamar possível.

Podemos sintetizar essa situação dizendo que o "fordismo" era como que um "marxismo-leninismo" do capital: o "leninismo" consistia em recompor a concorrência intercapitalista a partir de um ponto de vista coletivo do capital como um todo (ante a pressão da classe operária); o "marxismo" dava-se na passagem permanente – por meio de inovações incrementais – da mais-valia absoluta para a mais-valia relativa, ou seja, por uma exploração do trabalho que passava sistematicamente de exploração extensiva para exploração intensiva. Nas palavras de Tronti: "Keynes, teórico do *New Deal*, se tivesse conseguido dirigir a 'revolução capitalista', teria sido um Lenin americano".[14] Um dos grandes arquitetos franceses da cooperação técnica entre França e Estados Unidos no segundo pós-guerra falava de "Revolução no Oeste".[15]

Ora, isso só foi possível na medida em que, na grande indústria, aprofundavam-se sistematicamente os métodos tayloristas, ao passo que toda a esfera da reprodução (toda a sociedade) ia sendo subordinada à esfera da produção, isto é, à centralidade do trabalho fabril massificado e à validação social (pelo consumo em massa) de sua produção em massa. A fragmentação sistemática das tarefas, o aprofundamento da separação entre o trabalho

---

14. "The Progressive Era". Op. cit., ed. italiana, p. 296.
15. FOURASTIÉ, Jean. *Révolution à l'Ouest*. Paris: PUF, 1957. A ele devemos também a definição do período fordista como "trinta anos gloriosos". Cf. *Les trente glorieuses: la révolution invisible de 1946 à 1975*. Paris: Arthème Fayard, 1979.

intelectual de concepção e o manual de execução foram então amplificados aos níveis máximos. A sociologia do trabalho dos anos 1940 e do imediato segundo pós-guerra produziu algumas obras clássicas sobre esse novo tipo de alienação do trabalhador taylorista. Ao mesmo tempo, a subordinação disciplinar da sociedade aos fluxos de produção e reprodução da grande indústria abria-se, necessariamente, a um leque muito mais diversificado de estudos: desde os trabalhos pioneiros (do início do século XX) da ecologia urbana da Escola de Chicago até as reflexões filosóficas de Michel Foucault sobre o *Panopticum*, passando pela crítica frankfurtiana dos novos padrões de consumo massificado, renovada pelos situacionistas de Guy Debord e sua crítica da "sociedade do espetáculo".

Contudo, é em Foucault que encontramos os trabalhos sobre o conceito de sociedade disciplinar mais adequados à apreensão das relações de poder na sociedade industrial. Aliás, o próprio conceito de microfísica dos poderes desempenha um papel importantíssimo, na medida em que permite pensar as relações de dominação para além das meras clivagens socioeconômicas (e suas "classificações" sociais). Os ganhos de produtividade são gerados pela contínua disciplinarização dos corpos dos operários (do trabalho vivo) dentro dos ritmos impostos pela organização científica do trabalho (isto é, pelo trabalho morto, cristalizado nas maquinarias). Mas essa disciplinarização implica a estruturação "fabril" da sociedade como um todo: organização por grandes funções do espaço (a cidade funcionalista: com seus subúrbios-dormitórios e zonas industriais interligadas por *freeways*, onde se engarrafam os automóveis, quintessência do fordismo) e do tempo (com suas instituições "concentracionárias" nas quais é "encaixada" cada fase de vida: escola, exército, fábrica, hospício, etc.). Como não lembrar o filme clássico em que Gianmaria Volonté, atuando como o operário – que curiosamente se chamava Lulu – que espera pelo enteado diante de uma escola primária, comenta ao ver as crianças que saem: "Vocês parecem pequenos operários!".[16] O paradigma da sociedade disciplinar é, pois, como o próprio Marx já apontara, a prisão, com o *Panopticum,* de Bentham. No cerne desse aparelho de comando, o chão de fábrica e seu trabalho subordinado. Por trás de tudo isso não é difícil entrever, mesmo que eclipsadas, as relações entre fábricas e campos de trabalhos, entre os campos de trabalho e os de concentração, entre estes últimos e os campos de extermínio, na entrada dos quais os nazistas colocaram o dístico nada irônico *Arbeit macht frei* (o trabalho liberta).

O assalto contra a sociedade disciplinar

É bem verdade que o fordismo (ou seja, o keynesianismo fordista) afirmara-se a partir de uma dinâmica mais aberta ao conflito entre operários e capital e que isso determinara uma correlação "progressiva" entre inclusão (subordinação) na relação salarial e integração numa cidadania material: padrão afluente de consumo, acesso a serviços públicos de saúde, educação, moradia e proteção social. Mas, na realidade, tratava-se de uma cidadania do trabalho subordinado.[17] Por um lado, essa cidadania não deixava de estar atrelada à expansão da relação salarial (a universalização dessa relação, isto é, da "subordinação" sob a forma do "pleno emprego", sendo a condição da universalização dos direitos). Por outro lado, estava baseada na imposição de uma rígida (disciplinar) subordinação social (da esfera da reprodução) a esse ciclo de valorização.

Se as grandes indústrias de produção de bens de consumo duráveis (em muitos casos – na Europa ocidental – de proprie-

---

16. *La classe operaia va in Paradiso*, do cineasta Elio Petri, filme de 1970 sobre as lutas operárias nas fábricas de Milão, após o maio 1968.

17. Sobre os temas da relação entre cidadania e trabalho, permito-me remeter ao meu *Trabalho e cidadania*. São Paulo: Cortez, 2000.

dade estatal: Renault, Volkswagen, Alfa Romeo, etc.) representavam o ponto de vista do "capital coletivo", do outro lado, era o *operário industrial*, homem, branco, nacional, sindicalizado, entre 25 e 55 anos que se constituía como a figura hegemônica. O acesso à cidadania para as outras figuras sociais (proletárias) dependia de ter (ou não) acesso a um emprego (ter uma relação com o capital) ou de haver alguma determinada relação social com a figura "operária": ser "esposa" para as mulheres, "filho" para os jovens, "subordinado" para as minorias étnicas, os imigrantes nacionais ou estrangeiros, etc. A hierarquia disciplinar da ordem fabril não se articulava, pois, apenas a partir das funções de comando capitalistas e/ou estatais, mas também dentro das relações sociais de gênero, de raça, de geração, de nacionalidade e de culturas.

Ora, a crítica social tornou-se incompatível com a reprodução (fordista) do processo de acumulação (taylorista) justamente quando ela fez desmoronar as duas dinâmicas sociais dessa hierarquia disciplinar. A partir de 1968 (do *joli mai*), não é apenas a disciplina taylorista (aquela da organização científica do trabalho) que é objeto da crítica social. As lutas não se limitam mais ao horizonte longínquo da "emancipação" e enveredam para as práticas imediatas da "libertação".[18] É a subordinação da sociedade como um todo à ordem fabril que desmorona. Essa subordinação tinha nos grandes equilíbrios do *Welfare State* seus mecanismos de regulação, e também de subordinação, da esfera da reprodução à da produção.

O ciclo de lutas inaugurado pelo "maio de 68" francês tornou-se, ao longo da década de 1970, completamente incompatível com os mecanismos keynesianos de regulação que vigoraram

---

18. "A opressão é a existência do patriarcado, e ela existe para além das relações sociais (de produção). No patriarcado, nós assistimos a uma identificação entre Estado e família, na qual um sistema social, político e cultural complexo só permite que os homens realizem-se na sociedade". (DEL RE, Lisa. "Quelques binômes théoriques dans la pratique politique du féminisme contemporain". *Futur Antérieur*, n.1, Op. cit., p. 141).

ao longo de três décadas, exatamente porque o conflito social era gerado e reproduzido diretamente na esfera da reprodução. Que conflito era esse? Seus primórdios já tinham acontecido no movimento negro norte-americano contra as leis de segregação racial e para os direitos civis no início dos anos 1960. Em 1968, o movimento estudantil constituiu esse movimento em um ciclo libertário mundial: nele encontrávamos a luta contra o "americanismo" – a recusa dos jovens norte-americanos a se alistarem no exército e a resistência do Vietcong. Naquele mesmo ano, os estudantes mexicanos e brasileiros insurgiam-se contra as ditaduras, abertas ou disfarçadas que fossem. O movimento feminista dará uma amplitude definitiva a esses ciclos de luta inovadores e se conectará, com sentido, à multiplicação das lutas no terreno do que Henri Lefebvre chamara de "direito à cidade"[19]: lutas por creches, moradia, transporte, etc. Ainda mais: o movimento de 68 não atravessava apenas as fronteiras norte-sul, mas também as que separavam o oeste do leste – em Praga, nos estaleiros poloneses; em Berlim, estudantes e operários unificavam o ciclo de luta.

É duplo e grosseiro erro teórico afirmar que a emergência desses temas (de gênero, raça, etnia, etc.) tenha enfraquecido o "ponto de vista" de classe e, com isso, aberto brechas para a reação capitalista (no pensamento da pós-modernidade). Em primeiro lugar, é erro de avaliação, porque esses "temas" não emergiram como "superestruturas" culturais (não apareceram como "temas" ideológicos), mas constituíram-se como práticas sociais

---

19. "Às necessidades antropológicas elaboradas socialmente (...) juntam-se necessidades particulares que não encontram satisfação nos estabelecimentos comerciais e culturais dos urbanistas. Trata-se de necessidades de atividade criadora, de 'obras' (e não apenas de produtos e bens materiais consumíveis), necessidades de informação, de simbolismo, de imaginário, de atividades lúdicas. Por meio dessas necessidades específicas, vive e sobrevive um desejo fundamental do qual os jogos, a sexualidade, os atos corporais como o esporte, a atividade criadora, a arte e o conhecimento são manifestações particulares que ultrapassam a divisão parcelar dos trabalhos". (LEFEBVRE, Henri. *Le droit à la ville*. Paris: Ed. Anthropos-Points, 1968, p. 107-108).

(lutas) de crítica da ordem material do trabalho e de suas bases disciplinares. Em segundo lugar, é erro metodológico que, paradoxalmente, deriva do uso de um conceito sociológico de classe completamente determinado pela relação de capital (a classe seria composta pelos homens que estão inseridos na relação salarial). Ao contrário, uma crítica materialista deveria partir de um "ponto de vista" de classe que só pode existir na ruptura dessa relação de subordinação. A historiografia do movimento operário de E. P. Thompson já havia explicitado a necessidade desse deslocamento: não cabe esperar nenhuma emergência (*rising*) de uma "classe" que já existia (como agregado estatístico). Ao contrário disso, se a classe se constitui (*making*), devemos procurar esse diagrama constitutivo no antagonismo (na luta): contrariamente ao que a sociologia marxista vulgar afirma, a classe não luta porque existe, mas "existe porque luta"; a classe acontece, é um evento inseparável da luta.[20]

Nas novas lutas sociais tínhamos, portanto, o diagrama de constituição de um novo ponto de vista de classe e uma potência sem precedente para criticar as relações sociais de produção. Ao mesmo tempo, ao passo que a crítica material da ordem fabril esgotava todos os mecanismos de mediação social (de recondução do conflito dentro do motor da acumulação), os sujeitos dessas lutas indicavam a construção de uma multiplicidade de "pontos de vista". Já nas lutas dos negros norte-americanos pelos direitos civis constituía-se uma primeira ruptura da organização racista do mercado do trabalho que reencontraremos nas lutas dos imigrantes estrangeiros (inclusive nas mais recentes, de 2006 e 2007). Nas lutas estudantis, entra em crise um outro dos mecanismos fundamentais de disciplinarização hierárquica da esfera da reprodução: os estudos superiores (e médios) afirmam-se

---

20. "I don't see class as a 'structure' nor even as a 'category', but as something which in fact happens (…) in human relationships". (THOMPSON, E. P. *The Making of English Working Class*. Nova York: Penguin Books, 1963, p. 8. *A formação da classe operária inglesa*. Rio de Janeiro: Paz e Terra, v. 1 (1997), v. 2 (1988), v. 3 (2002).

como um direito universal cada vez mais descolado da estrutura profissional do trabalho intelectual.

Nas lutas estudantis, afirma-se um inesperado e letal assalto contra a separação taylorista de trabalho intelectual (de concepção) e trabalho manual (de execução). Na outra ponta, esse assalto à disciplina fabril veio de dentro das fábricas, da autonomia reconquistada dos jovens operários que pautavam suas lutas não mais apenas nas reivindicações salariais, mas também na recusa sistemática do trabalho subordinado, das tarefas alienantes e dos ritmos tayloristas. Como não pensar, usando mais uma vez o filme clássico de 1970 de Elio Petri, na crise existencial do protagonista (o operário Lulu) diante da falta de sentido do sistema de objetos (de consumo) que os ritmos frenéticos lhe permitiam adquirir?

Mas é, como dissemos, com o movimento feminista que a subordinação da esfera da reprodução à esfera da produção (fabril) entra em crise. Na brecha (ainda que parcial) aberta no sistema transversal do poder patriarcal, não tivemos apenas a constituição de um conjunto de direitos (direito ao divórcio, ao aborto, à moradia, à proteção social universal) independentes da relação salarial, mas também e sobretudo a inversão da própria articulação hierárquica entre as "esferas" da produção e da reprodução: o movimento feminista – por exemplo, ao reivindicar um salário para o trabalho doméstico – criticava a própria clivagem convencional que considera produtivas as atividades de fabricação de objetos (de mercadorias) e considera reprodutivas as atividades tipicamente femininas que *produzem a vida*.[21]

Com os novos ciclos de lutas sociais, a regulação fordista e keynesiana torna-se obsoleta, ao passo que a produção de subjetividade torna-se central. A "crise fiscal do Estado" (lembremos a falência da cidade de Nova York já em 1970) era patente na expansão das despesas sociais cada vez mais descoladas dos

---

21. Sobre esse tema, ver REVEL, Judith. *Fare Moltitudine*. Soveria Mannelli (Itália): Rubbettino, 2004.

equilíbrios contábeis de reprodução dinâmica da acumulação. As pressões inflacionárias, por sua vez, traduziam os repasses aos preços de conquistas salariais descoladas, elas, dos ganhos de produtividade: seja porque depois de 1968 as lutas operárias haviam conquistado um novo patamar de força, seja porque, sobretudo, o chão de fábrica taylorista tornara-se ingovernável.

Nas economias centrais, a década de 1970 tornar-se-á teatro desse conflito que não encontrava mais regulação. Nas economias periféricas (no Brasil, por exemplo), essa transição aconteceria na década de 1980. Nesse período, à medida que os movimentos sociais não paravam de multiplicar-se e expandir-se, o capital investia em sua própria reestruturação: investia na difusão social da produção em direção ao pós-fordismo. Não se tratava mais de subordinar a esfera da reprodução ao pacto produtivo entre capital e trabalho e a sua cidadania, mas de capturar as dimensões produtivas da própria circulação, aceitando a perda da centralidade disciplinadora do chão de fábrica, organizando o trabalho diretamente nas redes sociais... para onde o trabalho já havia realizado seu êxodo!

TRABALHO E SOCIEDADE DE CONTROLE NA ERA DA SUBSUNÇÃO REAL

A era da subsunção real: não há mais fora

Sabemos que, pelo conceito de "subsunção", Marx visava a dar conta da relação que o capital, entendido como relação social de produção, mantinha com o conjunto das outras relações sociais de produção. Marx, pois, distinguiu duas tipologias dessa relação: a "subsunção formal" e a "subsunção real".

No âmbito da primeira, a relação de capital (a relação salarial) convive com modos de produção arcaicos, ou seja, com um processo de trabalho preexistente: "Chamamos de subsunção formal do trabalho no capital", escreve Marx, "a subordinação ao capital de um modo de trabalho tal qual tinha surgido antes da relação capitalista".[22] Diferentemente, a *subsunção real* é o modo de produção capitalista plenamente desenvolvido: ela "é acompanhada por uma revolução completa do modo de produção".[23] Do mesmo modo que articulara o conceito de mais-valia em suas dinâmicas extensiva (absoluta) e intensiva (relativa), Marx articulava também o aprofundamento da hegemonia do modo de produção capitalista, que chegaria à maturidade quando o controle capitalista dos meios de produção se realizasse em "*uma escala social*".[24] Assim, o próprio Marx, que trabalhava na tendência anunciada pela industrialização inglesa, identificava essa passagem como o fruto de um processo de homogeneização de todos os ramos da indústria. Ora, a heterogeneidade das trajetórias de desenvolvimento da economia-mundo deixou subsistir, até os dias de hoje, níveis extremamente diversos de integração do processo de trabalho sob o capital. Uma das características fundamentais da relação perversa entre desenvolvimento e subdesenvolvimento é que este último tenha continuado a associar modos de produção modernos e arcaicos. Provavelmente, a distinção marxiana entre subsunção formal e real (bem como entre mais-valia absoluta e relativa) contribuiu para que se tenham afirmado as interpretações dualistas dos enigmas do desenvolvimento, ou seja, interpretações que vêem o subdesenvolvimento como condição de um capitalismo limitado à subsunção formal, à convivência de setores modernos e arcaicos.

Ora, na condição atual – pós-fordista –, é possível recuperar a díade marxiana mediante uma ligeira adaptação. Isso para dizer que o pós-fordismo caracteriza-se como a época da subsunção real de toda a sociedade sob a dinâmica de valorização

---

22. *Un chapitre inédit du Capital*. Trad. Dangeville. Paris: 10/18, 1971, p. 198. *Capítulo sexto inédito de O capital*. São Paulo: Cortez, 1989.
23. Ibid., p. 219.
24. Ibid.

do capital, "onde as relações entre as pessoas se dissolvem em benefício das relações entre as coisas, das relações entre as relações"[25]; em termos contemporâneos, podemos falar de "redes de redes". Ao mesmo tempo, isso não corresponde a algum processo generalizado nem de industrialização nem de homogeneização. Pelo contrário: o capitalismo da era da subsunção real é, sim, um capitalismo feito de redes de redes; porém, ao mesmo tempo, ele é capitalismo pós-industrial e subsume o conjunto da sociedade em sua heterogeneidade. A subsunção real acontece quando toda a vida é mobilizada na valorização do capital: não porque todo o trabalho tornou-se assalariado e fabril, mas sim porque o trabalho acontece nas redes sociais, misturando tempo livre e tempo de trabalho em um único tempo de vida que é inteiramente tempo de produção. Isso significa, por um lado, que a reprodução tornou-se imediatamente produtiva e a geração da vida reencontrou seu estatuto central; por outro lado, significa que essa subsunção da vida como um todo sob o capital pode acontecer porque sua base tecnológica são as redes e, por conseguinte, a multiplicidade híbrida de suas determinações heterogêneas (e não o processo de homogeneização que tinha sido previsto). Retornaremos adiante a essa "nova qualificação da subsunção real".[26]

Por que usar o conceito marxiano, se a fenomenologia é diferente daquela prevista por Marx? Porque a mecânica é a mesma. Para Marx, há subsunção formal quando há um comando capitalista externo ao processo de produção, quer dizer, externo a muitas outras e variadas situações socioeconômicas que, por sua vez, lhe são externas. Na subsunção formal, o comando capitalista é imposto do exterior: é um comando disciplinar, de um ponto (um centro) determinado (como no *Panopticum* bethamiano), que alcança a periferia.

---

25. Verbete *Subsomption formelle/réelle*. LABICA, Georges et BENUSSA, Gérard. *Dictionnaire critique du marxisme*. Paris: PUF, 1982, 2. ed., 1985, p. 1103.
26. NEGRI, Antonio. *La fabrique de porcelaine*. Paris: Stock, 2006, p. 203.

A subsunção real é diferente disso, dado que é uma situação global na qual já não há fora. Nesse caso, o comando está dentro, é uma tecnologia de poder que circula dentro das redes e de seus funcionamentos tanto quanto dos próprios cérebros e comportamentos dos homens: é um poder de segurança, como dizia Foucault, que nos leva a uma sociedade de controle, como propôs Deleuze.

O capital, o processo de valorização, investiu toda a sociedade, ou seja, a própria vida. Tempo de vida e tempo de trabalho misturam-se em uma circulação que constitui o novo espaço produtivo, ao passo que a organização da produção tornou-se política, gestão de um poder que se exerce sobre as populações entendidas como espécie. Trata-se, então, de *biopoder*, um poder que investe a vida: não só a vida dos indivíduos (e seus corpos disciplinados no chão de fábrica), mas também e sobretudo a vida da população em suas complexas e múltiplas relações e interdependências.

Trabalho e exclusão

Uma via segura para apreender-se essa mudança é voltar à discussão sobre a "exclusão". A literatura sociológica das últimas duas décadas aponta unanimemente que a exclusão estaria aumentando de forma sistemática, como conseqüência das políticas neoliberais e da quebra dos sistemas de *Welfare*. A fenomenologia disso estaria manifesta no aumento do desemprego estrutural. É o que afirma Paulo Arantes: "os capitalistas viraram a mesa e inventaram o desemprego estrutural e sua legião de supostos excluídos".[27] Francisco de Oliveira vai exatamente no mesmo sentido: "Aterrissando na periferia, o efeito desse espantoso aumento da produção do trabalho abstrato virtual não pode ser menos devastador".[28]

---

27. ARANTES, Paulo. "O que é ser de esquerda". *Revista Caros Amigos*, n. 121, abril de 2007, São Paulo, p. 28.

28. OLIVEIRA, Francisco de. *Crítica da razão dualista: o ornitorrinco*. São Paulo: Boitempo, 2003, p. 142.

Trata-se de constatações tão justas quanto inadequadas. Ao contrário, podemos dizer o seguinte: temos a impressão de que a exclusão aumenta porque, na realidade, ela está desaparecendo.

Sabemos que o termo "exclusão" é ambíguo, pois, na realidade, ele se refere ao que Marx chamava de processo de proletarização: a exclusão (a alienação da propriedade dos meios de produção) é o primeiro momento da inclusão: da transformação dos camponeses, dos servos, dos artesãos e dos escravos libertos em proletários que – embora formalmente livres – não têm alternativa senão a de encontrar um trabalho assalariado, isto é, vender parte de seu tempo "livre" contra um salário. Nesse sentido, a exclusão é apenas um momento da inclusão em direção à "subordinação" do trabalho ao capital. Uma subordinação que já contém elementos de "mercantilização" da vida, embora no caso do trabalho assalariado isso aconteça em termos de separação nítida entre tempo de vida (que passará a ser chamado de tempo livre) e tempo de trabalho.[29]

Por que se lamenta hoje em dia o aumento da exclusão? Por três razões. A primeira é de ordem moral: a própria civilização ocidental glorifica o trabalho. A segunda, de tipo geral (e na realidade aplicável às economias centrais e apenas em parte às economias periféricas), encontra-se no fato de que, no fordismo, a inclusão no emprego assalariado constituía-se na base de um certo nível de integração social e/ou cidadã. A terceira é própria das problemáticas brasileiras do desenvolvimentismo, porque se pensava que a conquista da cidadania para as grandes massas marginais – como as definiu José Nun[30] – do Brasil (e, mais geralmente, da América Latina) só poderia ser alcançada por meio de uma alavanca econômica: com base em um desenvolvimento de tipo keynesiano (ou "fordista") e, portanto, com o pleno emprego e sobretudo "o pleno emprego industrial". Quando não se pensa explicitamente no fordismo, faz-se referência, inclusive, ao papel

---

29. Ver Claude Meillassoux.
30. Ver A. Negri e G. Cocco, cit., p. Patrícia Daros.

do Estado: "não há acumulação sem Estado, nem se formam coalizões redistributivas sem luta social em territórios politicamente identificáveis".[31] Por conseqüência, assume-se como decisiva a questão da independência e lamenta-se o fato de que, desde 1964, "começamos a perder nossa capacidade de autogoverno".[32] Disso deriva a ênfase que se dá ao debate sobre as taxas de crescimento, já que a suposta "inclusão" acaba por depender do crescimento.

Ora, no capitalismo contemporâneo, nada disso funciona mais. Não funciona porque o capitalismo das redes define-se exatamente por estar assentado em uma tecnologia de poder que inclui os excluídos como tais, mantendo-os "excluídos": coloca-se um telefone celular no bolso de todo mundo, mas todo mundo continua a ser trabalhador informal, camelô, favelado etc. Trata-se da organização social da produção imediatamente no interior das redes sociais. Assim, a sociologia de origem francofurtiana torna-se tanto inadequada quanto impotente em sua denúncia das "florestas de antenas, inclusive parabólicas, sobre os barracos das favelas [e da] importação de padrões de consumo predatórios".[33]

Os discursos sobre as dimensões "predatórias" do capitalismo contemporâneo são duplamente paradoxais: deixam pensar que o capitalismo anterior (aquele dominado pelo padrão industrial de acumulação) não seria predatório e não apreendem minimamente as dinâmicas produtivas do capitalismo contemporâneo. Vê-se uma exemplificação contundente quando se analisam as privatizações apenas como ocasiões de acumulação primitiva:

> tendo ganho o filé mignon das telecomunicações graças ao financiamento estatal, alguns gigantes mundiais da telecomunicação lançaram-se a uma concorrência predatória, instalando sistemas de telefonia móvel e rebaixando o preço dos telefones celulares – e aumentando as

---

31. ARANTES, Paulo. "Fim de jogo". In: *Extinção*. São Paulo: Boitempo, 2007, p. 214.
32. Ibid.
33. OLIVEIRA, Francisco de. Op. cit., p. 144.

importações –, mas logo depararam com o obstáculo da distribuição de renda das camadas mais pobres.[34]

Essa análise não poderia ser mais inadequada, atrasada e paradoxal. Por um lado, ela ressuscita uma visão francofurtiana de uma capacidade – capitalista – de "levar o consumo até os setores mais pobres da sociedade" que seria "ela mesma o mais poderoso narcótico social"[35], o que dificilmente se concilia com o que se está procurando: o crescimento de um mercado interno e de uma indústria nacional (aquela telefonia de "Estado" que só proporcionava telefones – fixos e móveis – para as elites). Por outro lado, ainda mais grave, essa análise não permite que se veja que, na realidade, as tecnologias da informação – os telefones celulares – são instrumentos de produção: uma produção que hoje em dia está cada vez mais integrada com a circulação e a reprodução, com a mobilização da vida como um todo, da vida das populações no processo de valorização.

Exclusão e dispositivos de controle

Em 2005, o filósofo italiano Giorgio Agamben pronunciou algumas conferências no Brasil. No livro publicado a partir delas sobre o conceito de "dispositivo", encontramos algumas passagens ambíguas, mas produtivas, para apreender alguns dos quebra-cabeças determinados pela nova relação entre exclusão e inclusão no capitalismo contemporâneo.

Após uma reflexão sobre a genealogia do conceito em Foucault e na patrística cristã, Agamben passa a comparar os dispositivos contemporâneos (de controle) com os de fábrica (disciplinares). Ele afirma que, "na fase atual do capitalismo, os dispositivos não agem mais pela produção de um sujeito [mas]

---
34. Ibid., p. 144.
35. Ibid.

por processos de dessubjetivação" e, por conseqüência, "na nãoverdade do sujeito, não há mais, de maneira alguma, algo de sua verdade".[36] Agamben retoma Foucault para lembrar que, nas sociedades disciplinares do trabalho fabril, "os dispositivos visavam, por meio de uma série de práticas e discursos, de saberes e exercícios, à criação de corpos dóceis, mas livres, que assumiam sua identidade e liberdade de sujeito no processo mesmo de sujeição".[37] O dispositivo disciplinar era, pois, uma máquina de produção de sujeitos e, nessa exata medida, era também uma máquina de governo relativamente eficaz. Na "não-verdade" da liberdade negociada (pelo homem livre que se torna trabalhador assalariado, subordinado), havia uma subjetivação, uma verdade que se traduzia nas identidades operárias e burguesas, em suas lutas recíprocas e nos sistemas de governo (com suas representações de esquerda e direita) que nelas assentavam sua legitimidade.

Em outras palavras, na não-verdade da exploração disciplinada pela separação fabril entre tempo de trabalho e tempo livre havia uma verdade: a da identidade operária. Ora, o que caracteriza o capitalismo atual é o fato de que a seus dispositivos disciplinares juntam-se os de controle. Esses não agem mais por meio da produção de um sujeito. "Hoje em dia, processos de subjetivação e de dessubjetivação são reciprocamente indiferentes".[38] Como dissemos, os excluídos são incluídos como tais.

Com um vocabulário um pouco mais sociológico, poderíamos dizer que, no capitalismo globalizado das redes, da inclusão dos excluídos como tais, não há mais a não-verdade da condição assalariada como base de uma verdade fundada na identidade operária, ou seja, na exploração. Com certeza, estamos no cerne de nosso debate, mas apenas de sua fenomenologia sociológica,

---

36. AGAMBEN, Giorgio. *Qu'est-ce qu'un dispositif?* Paris: Rivages, 2006, p. 43.
37. Ibid., p. 42.
38. Ibid., p. 44.

aquela da fragmentação social (com seu efeito de deformação ótica, que é justamente nossa impressão de que a "exclusão aumenta" quando, na realidade, desapareceu) e do enfraquecimento das estruturas tradicionais do movimento operário, oriundas do sistema de fábricas. Agamben, para o maior regozijo da sociologia frankfurtiana brasileira, desenvolve sua análise em termos absolutamente negativos:[39]

> As sociedades contemporâneas se apresentam assim como corpos inertes atravessados por gigantescos processos de subjetivação aos quais não responde nenhuma subjetivação real. Disso, o eclipse da política que supunha a existência de sujeitos e identidades reais (o movimento operário, a burguesia, etc.) (...).[40]

Ora, contrariamente à fenomenologia de Agamben, na qual só existem o poder e suas determinações negativas, o deslocamento da ordem disciplinar e de seus dispositivos em direção a uma tecnologia de controle não é fruto do antagonismo, da ruptura da disciplina. Uma ruptura que se tornou incomensurável exatamente quando ela conseguiu romper a relação dialética que juntava a verdade (a identidade operária) à não-verdade (a exploração). Relação dialética que está presente não só na fórmula leninista, mas também no paradoxo daquela fábrica na qual os operários lutam contra a exploração (por mais salários) e na qual, quando a fábrica está sob risco de fechar, os operários lutam para que não feche, ou seja, para que continuem a ser explorados. J.K. Galbraith não falava de outra coisa quando apontava o absurdo das sociedades "afluentes", a saber, o fato de que nelas é preciso produzir bens inúteis para poder distribuir renda, pois é o emprego que funciona como aparelho de distribuição da renda:

> Ao passo que nossa energia produtiva (...) serve à criação de bens de pouca utilidade – produtos dos quais é preciso suscitar artificialmente

---

39. Na verdade, são inspirados na filosofia de Heidegger.
40. Ibid., p. 46.

a necessidade por meio de grandes investimentos, sem os quais eles não seriam mesmo demandados – o processo de produção conserva quase integralmente seu caráter de urgência, enquanto fonte de renda.[41]

A luta operária se tornou desmedida quando se juntou às lutas sociais que se constituíam na esfera da reprodução e, com isso, afirmava-se a possibilidade de uma verdade, de um sentido, que não era mais o fruto paradoxal de seu contrário, a não-verdade da subordinação. Essa passagem, como acabamos de enfatizar, é o fato de formas de subjetivação que conseguiram produzir sua própria verdade e, por isso mesmo, esvaziaram os dispositivos disciplinares à medida que se afirmavam como máquinas de libertação. São, como apontamos antes, as lutas sociais de tipo novo que se desenvolveram a partir da ofensiva de 1968 que definem esse deslocamento. Lutas de tipo novo porque assumem a mobilização produtiva da esfera da reprodução como terreno de constituição autônoma, antagônica à ordem disciplinar da fábrica.

As tecnologias de controle visam a capturar essa autonomia. Porém, como o próprio Foucault já antecipava em suas leituras pioneiras (de meados da década de 1970)[42] das bases

---

41. *The Affluent Society*, trad. francesa, *L'ère de l'opulence*. Paris: Calmann-Lévy, 1961, p. 272. *A sociedade afluente*. São Paulo: Pioneira, 1987.

42. *Naissance de la Biopolitique, Cours au Collège de France. 1978-1979*, Hautes Études, Paris: Gallimard, Seuil, 1997, p. 82. Não é por acaso que, em seus *Cursos* de 1978-1979 sobre o nascimento da biopolítica, Foucault mobiliza a literatura neoliberal dos anos 1930 e mostra como os neoliberais (em particular os que ele chama de "ordoliberais" alemães) preocupavam-se em encontrar uma alternativa ao nazismo (bem como ao sovietismo!) e, por isso, visavam a definir uma tecnologia de governo capaz de capturar as dinâmicas produtivas de uma vida cada vez mais social e livre. Nessas leituras, Foucault antecipava a força do projeto neoliberal exatamente como tecnologia capaz de capturar aquele terreno de proliferação social e difusa das tecnologias (das redes de produção e reprodução) que Agamben inscreve no próprio funcionamento do dispositivo, como se o dispositivo fosse "produtivo" por si só. Na realidade, para que o dispositivo possa capturar, ele precisa de algo que seja gerativo, produtivo. A única resistência é por conseqüência negativa, desprendimento, recuo na "vida nua", na figura daquele primata que um dia infelizmente criou uma linguagem, naquela zona intermediária de exceção que constituiria o "ingovernável" ponto de origem e fuga de toda política. Foucault, ao contrário, indica que o (cont.)

teóricas do neoliberalismo (ou seja, os trabalhos dos economistas "ordoliberais" alemães dos anos 1930)[43], o que caracteriza a sociedade de controle é nunca poder suprimir a autonomia que ao mesmo tempo precisa capturar, pois é nela que se encontram os processos de valorização. Parafraseando Agamben, poderíamos dizer que o paradoxo do poder no capitalismo contemporâneo está no fato de que a verdade (o trabalho livre) é sempre e definitivamente primeira, e não mais conseqüência da não-verdade (o trabalho reduzido ao emprego subordinado: o trabalho assalariado). Em outras palavras, na crise da relação salarial, por trás da fenomenologia dramática (fragmentação e exclusão), temos um trabalho vivo que consegue tornar-se produtivo sem passar pela relação salarial (pela subordinação ao trabalho morto cristalizado no capital fixo).

PARA ALÉM DO HORIZONTE SOCIALISTA: A DEMOCRACIA PRODUTIVA DO COMUM

A autonomia do trabalho vivo

Claro, nesses deslocamentos não há nenhuma dinâmica de libertação linear. O capital se reorganizou e usou a difusão social do trabalho para destruir as cidadelas do movimento operário (fazendo encolher o emprego e enfraquecendo os sindicatos), para fragmentar os sistemas de proteção social (o Estado mínimo neoliberal), para globalizar suas redes e mobilizar cada instante de nossa vida dentro do processo de valorização do capital. Mas nada disso impede que as contradições atuais ou potenciais

---

(cont.) dispositivo captura algo que lhe preexiste e que o neoliberalismo encontra sua dinâmica na capacidade de apreender essa força produtiva das redes sociais.

43. Sobre a análise foucaultiana dos "ordoliberais" alemães dos anos 1930, ver COCCO, Giuseppe. "Do quebra-cabeça do desenvolvimento à constituição do comum". In: FELDMAN, Sarah; FERNANDES, Ana (orgs.). *O urbano e o regional no Brasil contemporâneo*, Salvador: Unesp. Edufba, 2007.

tornem-se ainda mais radicais e gerais. A fórmula leninista que citamos acima (o socialismo como a soma de eletricidade, taylorismo e *soviets*) tornou-se perigosamente obsoleta para a acumulação capitalista. Obsoleta porque, se a produção se socializa e implica capturar uma autonomia produtiva que preexiste à (ou independe da) relação salarial (ou seja, que independe da subordinação à disciplina fabril), a alternativa à lógica capitalista já nada tem a ver com os quebra-cabeças da organização industrial da produção, nada tem a ver com a idéia da transição socialista. A produção já está dada e coincide com as redes sociais que desenham os territórios produtivos do trabalho vivo.

A noção de "subsunção real" proposta por Marx pode ser ulteriormente qualificada. Na passagem do fordismo ao pósfordismo, a força de trabalho torna-se relativamente autônoma diante do próprio poder capitalista. Ao mesmo tempo, tal como o sublinha Antonio Negri, a autonomia dos sujeitos ocorre paradoxalmente na subsunção real da sociedade no capital. Trata-se de uma independência virtual. O desenvolvimento capitalista é, portanto, atravessado por essa dinâmica paradoxal da autonomia do trabalho vivo: sua potência aparece como algo que independente do poder do capital.[44] Coloca-se então a questão de saber como essa autonomia potencial do trabalho vivo pode transformar-se, politicamente, em decisão.[45]

O debate sobre socialismo, democracia, reforma e/ou revolução só pode ser travado diante dessa nova condição material e das questões novas que ela coloca: o que é a decisão, a ação política de transformação radical, o trabalho vivo já é dado em toda a sua autonomia real ou potencial? Ora, a "decisão" é justamente a atualização do que é potencial em uma dinâmica plena. A única "decisão" adequada do ponto de vista do trabalho vivo é, pois, aquela capaz de trabalhar nas e pelas redes sem nunca travar suas dinâmicas horizontais, ou seja, capaz de "organizar" sem hierar-

---

44. NEGRI, Antonio. *La fabrique de porcelaine*. Op. cit., p. 203.
45. Ibid., p. 204.

quizar, organizar de maneira que a rede "conserve a totalidade de sua potência"[46]: um conjunto de singularidades que cooperam entre elas, mantendo-se como tais, quer dizer uma *multidão*.[47] De repente, a única decisão que podemos pensar nessa perspectiva é aquela que está nas redes horizontais do trabalho vivo e que delas emana: ela coincide diretamente com a questão de saber o que é uma decisão democrática – em que fazer democracia e fazer multidão é a mesma coisa.[48]

O esgotamento do horizonte socialista não faz mais do que nos aproximar da atualidade de uma requalificação do conteúdo da democracia. No socialismo (na transição socialista própria da era da subsunção formal), a socialização dos meios de produção implicava a transferência para a propriedade estatal dos mesmos métodos de organização da produção, das mesmas regras fabris – e até sob modalidades muito mais rígidas – de disciplinarização da sociedade. A transição era necessária para que, graças ao total desenvolvimento das forças produtivas, o trabalho alcançasse sua autonomia. Sem essa transição, era impossível pensar em alcançar o comunismo, ou seja, a completa libertação do trabalho.

Hoje em dia, na era da subsunção real, o trabalho já tem sua autonomia e não há como mobilizá-lo, a não ser suscitando essa autonomia. O capital tenta fazê-lo pelo mercado, mantendo essa autonomia sob o controle das malhas da precariedade dos direitos e da fragmentação social. Mas esse controle paga o preço da contínua despotencialização do trabalho vivo: suas singularidades são reduzidas a fragmentos, sua cooperação é fragmentada em atividade competitiva, sua ética colaborativa torna-se desfigurada nas figuras imorais e antiprodutivas do egoísmo individualista. Ao mesmo tempo, o conflito de tipo novo que atravessa a sociedade de controle não diz respeito a uma impossível e absurda reconstituição das condições de uma transição própria da era

---
46. Ibid.
47. NEGRI, Antonio. *Cinco lições sobre Império*. Rio de Janeiro: DP&A, 2005.
48. REVEL, Judith. *Fare Moltitudine*, Op. cit.

da subsunção formal, quase como se o emprego fabril e sua ordem se tornassem objetivos de transformação social. Pelo contrário, o conflito está no fato de que o trabalho vivo – para ser produtivo – precisa estar em redes de cooperação horizontais e abertas que coincidam com as formas de vida que ele mesmo produz. Uma nova tipologia de valor de uso afirma-se, determinada pelos níveis de autonomia do trabalho vivo e pelas suas formas de vida, por um excedente que é excedência de ser, produção ontológica. Essas formas de vida, que produzem e protegem o trabalho colaborativo em rede, constituem a democracia como *comum*: espaço comum de produção de novo comum.

Fazer multidão

Como já dissemos, o mercado que o neoliberalismo visa a mobilizar é aquele dispositivo de modulação infinita dos estatutos de um trabalho que, para ser controlado, precisa ser continuamente fragmentado. Em uma ponta, esse trabalho aparece-nos como uma nova escravidão: nenhum momento e nenhum espaço de nossas vidas foge a um processo de valorização (de subsunção real) que põe para trabalhar nossas vidas inteiras. É nesse nível que – em função do desaparecimento dos sujeitos clássicos da política e da representação (a classe operária, a burguesia e o capital) – temos a impressão (superficial) de que a política torna-se indiferente, irrelevante, pois ela é "eclipsada", torna-se uma "pura atividade de governo que não visa a nenhuma outra coisa que não seja sua própria reprodução" e acaba definitivamente com a tradicional clivagem entre "direita" e "esquerda".[49]

Mas aí está apenas uma impressão (que, aliás, participa das novas formas de poder). Na realidade, atrás da lua que eclipsa o sol, o sol continua ainda mais forte: tudo se torna imediatamente político, pois essa nova forma de escravidão visa de fato a governar o que, na outra ponta, constitui-se como atividade livre,

---
49. AGAMBEN, Giorgio. Op. cit., p. 46.

de singularidades que se tornam produtivas independentemente da relação do capital. Essas singularidades cooperam entre elas, mantendo-se como tais: é o trabalho da multidão. Ele está nas redes de produção do *copyleft* ou do *wikipedia*, assim como nas redes de pré-vestibulares comunitários organizados a partir do trabalho voluntário e, mais comumente, nos movimentos culturais ou dos trabalhadores informais (dos países do Sul) ou precários (das economias do Norte).

De repente, a organização da produção não é definitivamente mais a conseqüência do esvaziamento (assalariado) da liberdade formal, mas algo que pode acontecer no interior das redes horizontais de cooperação social, de trabalho colaborativo, que atualizam constantemente a produção dessa liberdade.

Mais uma vez, o paradoxo leninista de ter de organizar a produção, de atrelar os *soviets* (a democracia radical dos conselhos) ao seu contrário (o taylorismo e a eletricidade) é ultrapassado e, com ele, o próprio conceito de socialismo e de transição.

Hoje em dia, organizar a luta, constituir os conselhos (a radicalização democrática) é o mesmo que organizar a produção. A acumulação perde progressivamente sua legitimação instrumental (de ser a condição da produção) e afirma-se como sendo uma pura relação de poder, acumulação política que visa – pela violência, pela guerra, pelo e no estado de exceção – a transformar sistematicamente as singularidades em fragmentos individualistas que competem entre si (mercado) e, assim, a transformar as relações de cooperação em relações de risco que é preciso "securitizar" (daí o papel material e real do capital financeiro, inclusive de suas crises, já que delas dependem as modulações do controle).

Estamos dentro de uma dimensão imediatamente política das lutas e da produção. Dentro dela, as tecnologia de poder passam exatamente pelos processos políticos de definição da esfera pública. A transformação dessa esfera pública em uma dinâmica de mercado (e daí as privatizações) não diz apenas respeito a um mecanismo de acumulação primitiva, mas sobretudo à legitimação do aparelho de modulação: oferecer um telefone celular a todo mundo quase gratuitamente significa querer incluir todo mundo na dinâmica de acumulação de maneira muito mais eficaz do que o faziam os mecanismos de integração do emprego e do Estado (a telefonia estatal).

Diante desse esvaziamento, os novos dispositivos não implicam de maneira alguma um controle social mais estável, porém um conflito social ainda mais radical, pois a máquina de produção contém uma virtualidade produtiva e livre que nunca chegou a ter.

A liberalização do setor de telecomunicações e o desenvolvimento da internet são muito mais do que uma "expropriação" a mais. Trata-se do próprio "dispositivo" de governo das redes. No entanto, como dissemos, esse mecanismo só pode funcionar se o mercado consegue a operação impossível de funcionar (ou se afirmar) como esfera pública e, com isso, evitar a produção e a reprodução em espiral das condições comuns de produção das redes pelas redes. Dessa forma, o dispositivo consegue funcionar mantendo a cisão que caracteriza os processos de subjetivação. O fato de ter de produzir a dessubjetivação não é arbitrário. A verdade é que, na medida em que a produção de subjetividade ocorre de maneiras cada vez mais livres, o único modo de controlá-la é destruí-la: estado de exceção e guerra, por isso, vão juntos com a retórica neoliberal e sobrevivem a ela.

E o mercado só consegue manter a paródia de funcionar como nova esfera pública pela capacidade que tenha o bloco político de poder para fazer com que a passagem para fora da relação salarial aconteça na continuidade das instituições da era salarial: primeiro, continuando a atrelar a distribuição de renda – bem como o sistema previdenciário – ao fato de se ter um emprego; segundo, mantendo-se e gravando-se o direito à propriedade intelectual.

Nesse contexto, distribuir renda independentemente da relação de emprego significa fazer política em seu mais alto nível: no sentido da constituição de uma base comum para que as singularidade produtivas possam cooperar entre elas sem cair na trampa de um processo de dessubjetivação (fragmentação) que não é automático, mas determinação do poder. Em geral, no capitalismo contemporâneo, são as políticas sociais que definem um deslocamento com relação às políticas econômicas e a possibilidade de pensar o esgotamento das antigas clivagens entre direita e esquerda no sentido da radicalização democrática.

Estado Social de Direito e Radicalidade Democrática

*Carlos María Cárcova**

As origens

O Estado Social de Direito (ESD), em termos históricos e materiais, é uma criação do século XX que se consolida ao longo de três décadas, desde o segundo pós-guerra até a crise energética mundial da metade dos anos 1970 e a reorganização capitalista que ela provocou.

Com características próprias e acentuações de uma ou outra de suas múltiplas dimensões, incorporou-se em algumas das grandes democracias desenvolvidas e institucionalmente estabilizadas de Ocidente – aquelas que Robert Dhal denominou "poliarquias". Nos mesmos anos 1970, foram sendo incorporadas paulatinamente ao modelo os países do sul da Europa que, por atravessar prolongados e escuros períodos de cruéis autoritarismos, puderam reconduzir formas institucionais próprias das democracias constitucionais. Este foi o caso de Portugal, Espanha e Grécia.

Quando anteriormente se afirmou que o ESD é algo concreto historicamente, falando do século XX, não se pretendia ignorar que boa parte dos princípios que o animam havia estado presente já nos debates teóricos do internacionalismo socialista do século XIX. Com essa expressão aludo, de maneira intencionalmente imprecisa, aos díspares e controversos enquadramentos

---

* Carlos María Cárcova é advogado e doutor pela Universidade de Buenos Aires. Foi um ativo militante político contra a ditadura militar na Argentina, atuando como advogado de presos políticos. É professor de Filosofia Jurídica e dirige o Instituto de Investigações Jurídicas A.L. Giola, da Faculdade de Direito da UBA. Integrou o Conselho da Magistratura da cidade de Buenos Aires. Autor de diversas obras, algumas delas publicadas no Brasil, como *A opacidade do direito* (LTR).

teóricos da Iª, IIª, e IIIª Internacional. O conteúdo dos debates que ocasionaram é projetado sobre os inícios do século seguinte com grande força, definindo a forma histórica que finalmente adquirem as experiências socialistas por uma parte e as comunistas por outra. De fato, o anarquismo ficou relegado a posições minoritárias, embora caracterizadas por um singular ativismo e fortes influências localizadas. O ativismo associado, por um tempo, à divulgação ideológica e à violência terrorista; à influência localizada, referida a uma tradicional presença hegemônica em certos sindicatos e associações de trabalhadores à escala mundial (gráficos, padeiros e outros) e ao papel fundamental cumprido pelo movimento anarquista nesse cruento laboratório político, militar e ideológico que foi a Guerra Civil na Espanha. A cena principal do debate, pois, é ocupada pela dialética do confronto entre o socialismo e o comunismo: reforma ou revolução; sobrevivência ou desaparição do Estado; democracia parlamentarista ou ditadura do proletariado; democracia representativa ou democracia do conselho; processo de massas ou vanguardismo; papel da violência e do terrorismo na mudança social; que sujeito histórico: a classe ou o partido? Estes e outros foram os temas da agenda cujas páginas escreveram, por exemplo, os socialdemocratas alemães como Bernstein, Bauer ou Kautsky, assim como os líderes da Revolução Russa ou do movimento comunista como Lenin, Trotsky, Buckarin, Plekhanov ou Rosa de Luxemburgo. As polêmicas existiram também no interior de cada grupo: Lenin e Trotsky ou Lenin e Luxemburgo, por exemplo.

Essa última discussão sobre as vantagens ou desvantagens da democracia representativa mantém ainda hoje enorme importância e inegável atualidade, como o provou muitos anos mais tarde, em seu livro póstumo, denominado *Estado, poder e socialismo*, o brilhante filósofo social Niko Poulantzas, ao fundamentar suas teses acerca da democracia participativa. Esse último conceito, o de democracia participativa, carimbado também ao final dos anos 1970, resultou atualizado pelo processo de democratização dos países do Sul europeu primeiro, pela paulatina redemocratização da América Latina mais tarde e, finalmente, pela queda do muro de Berlim e pela implosão do chamado socialismo real, porque os países desmembrados começaram um processo interno complexo e inacabado de busca pelas formas institucionais que fossem mais propícias para eles no marco geral de uma democracia de mercado. Tal conceito conserva atualmente toda a sua importância teórica, apesar das enormes mudanças de época que vieram e da notada reconfiguração da ordem mundial. Sobre algumas dimensões da participação cidadã, voltarei mais adiante.

As polêmicas e os debates a que venho aludindo tiveram efeito seminal, pois muitos dos institutos consagrados no ESD, foram, como se diz, inspirados por uns e outros. Dado que toda discussão política leva em si ineludivelmente uma projeção de natureza institucional, e que esta última não se tramita senão no território conspícuo da legalidade, não resulta ocioso lembrar aqui que, avançadas as primeiras décadas do século XX, o mesmíssimo Hans Kelsen, sem dúvida a figura de maior estatura jurídica do século passado, interveio ativamente nos debates mencionados, confrontando-se com os teóricos da socialdemocracia, pela qual sentia inocultáveis simpatias e, mais duramente, com os juristas soviéticos do período stalinista, como Stuchka, Pashukanis ou Vishinsky.[1]

NATUREZA E CRISE DO ESTADO SOCIAL DE DIREITO

É hora, depois das esquemáticas referências precedentes, de voltarmos ao ESD. Tal como se adiantou, sua concreção histórica foi produzida em alguns países que, com posterioridade ao segundo pós-guerra, abandonaram, pouco a pouco, a orientação do capitalismo de fins de século e substituíram o Estado polícia, cujas funções se esgotavam na manutenção da paz social, na pro-

---

1. No primeiro caso, em seu livro *El debate con la socialdemocracia alemana*, e, no segundo, em sua obra *La Teoría comunista del Derecho y del Estado*.

teção da propriedade privada e no provimento de serviços mínimos entre os que destacavam a segurança e a educação básica, pelo desenho de um Estado fortemente interventor, com ingerência primordial na economia e declarada finalidade de obter uma redistribuição mais eqüitativa do produto social.

Esse modelo de Estado, chamado "benfeitor" ou "de bemestar", assumirá em algumas experiências um papel empresarial, exercendo não só controle sobre o mercado e os fluxos financeiros, mas também se constituindo em agente produtivo, geralmente através do monopólio dos serviços públicos e das áreas energéticas. Dá ênfase à proteção do trabalho, à saúde pública e à educação em todos os seus níveis. Esses fins demandam diferentes modalidades institucionais, assim como a reforma das constituições e das leis, afirmando-se os princípios gerais da garantia e a consagração dos direitos humanos individuais e sociais.

São essas características comuns às concretizações históricas do ESD? Poder-se-ia responder afirmativamente se a análise se limitasse às "promessas da ordem", para parafrasear a famosa expressão de Bobbio. Na realidade, algumas garantias foram mais eficazmente concretizadas do que outras, segundo os diversos países. Algumas nunca transcenderam o nível das promessas, por vezes, um valor tão constitutivo do imaginário da modernidade como o da igualdade. As discriminações sociais, sexuais, raciais, religiosas e de muitas outras ordens subsistiram ainda nas experiências consideradas modelos, como as da Alemanha ocidental ou a dos países nórdicos, para não mencionar a França ou a Inglaterra.

Mas o Estado de bem-estar e seu correlato jurídico-institucional, o ESD, entraram no processo de paulatino desaparecimento – já foi adiantado – a partir da crise do petróleo em meados dos anos 1970. Sua lógica de funcionamento foi diluindo-se, ameaçada pela própria inviabilidade e pelo triunfo da "revolução conservadora" encabeçada por Reagan e Thatcher, os quais dizem ter uma resposta clara e sólida para enfrentar, sobre suas bases, uma reorganização com êxito do capitalismo em escala mundial, retomando e consolidando sua liderança. Esse discurso, transformado em hegemônico desde o final dos anos 1980 até o final dos anos 1990, implicou, em sua implementação, uma brutal redistribuição negativa do ingresso, um retorno à lógica prebendada do mercado, um acréscimo esmagador da pobreza, uma grosseira concentração da riqueza e, conseqüentemente, um escandaloso aprofundamento da brecha entre pobres e ricos. No plano internacional, esse processo foi acompanhado por uma tentativa de impor os Estados Unidos como potência orientadora e, após o colapso do comunismo, como uma espécie de polícia do "mundo livre". Não se trata exclusivamente do poder da ideologia e do controle da informação, trata-se também do poder militar usado já sem limites nem hipocrisias em relação aos papéis formalmente atribuídos à ONU e aos seus diferentes órgãos, que acabam sendo abertamente violentados em diversos acontecimentos internacionais. Esse modelo foi aplicado em escala mundial no Ocidente, com diferentes intensidades, segundo a capacidade de resposta ou de resistência das organizações populares, sociais, políticas ou sindicais atuantes em cada país ou região. O panorama descrito para o denominado primeiro mundo projetou-se – também com vários matizes, mas com a mesma lógica – sobre a cena política e socioeconômica dos países do terceiro mundo.

Logo, de um breve período de recuperação da economia mundial, no início dos anos 1990, baseado provavelmente na capitalização dos excedentes gerados pela exclusão e na marginalização produzida pelo processo descrito, o modelo começou a transitar por uma crise que é ao mesmo tempo de legitimidade e de eficácia. As políticas implementadas na década de que tratamos constituíram um fracasso histórico descomunal e, vale lembrar, com efeitos mais deletérios no terceiro mundo, mas finalmente com resultados similares no primeiro. Basta mencionar, nesta simplificada e esquemática análise, a fabulosa dívida externa dos Estados Unidos; a rejeição às políticas do presidente

Bush, que nas últimas eleições perderam a maioria em ambas as câmaras do Congresso; o estrepitoso fracasso de sua política internacional e da guerra que desatou em Iraque; os horrores cometidos ali e em outros lugares quentes do planeta por suas tropas, através do assassinato evidente de populações civis não-combatentes; as violações ao direito internacional de guerra; as prisões e torturas que repudiam os direitos humanos, como as da base de Guantânamo; as mentiras usadas para justificar a invasão; o simulacro de julgamentos e o posterior assassinato de Saddam Hussein e, como corolário, os negócios que produziram fabulosos ganhos econômicos para pequenos grupos da indústria bélica e da construção ligadas ao Presidente dos Estados Unidos e a seus colaboradores imediatos, perfeitamente creditados pela imprensa diante da opinião pública interna e internacional.

Todos esses dados, entre muitos outros que poderiam ser evocados, têm afinado a pretensão de liderança do país do Norte. Outros exemplos podem ser propostos para provar o paulatino enfraquecimento da onda conservadora; como a derrota eleitoral de Aznar e seu partido na Espanha ou de Berlusconi e do seu na Itália, além das fortes chances atribuídas à candidata socialista na França. Se olharmos para a América Latina, poderemos afirmar que o neoconservadorismo dos anos 1990 sobrevive apenas na Colômbia. Nos outros países, existe estabilidade democrática e projetos políticos e socioeconômicos que repudiam as receitas do FMI, do BID ou do BM e afirmam modalidades que chamarei, na falta de uma melhor denominação, de redistribucionistas.

Algumas dessas situações encarnam algo similar ao modelo do ESD = Estado de bem-estar, tal como fora desenhado a partir do segundo pós-guerra? Minha opinião é cautelosamente negativa. Muitas circunstâncias podem fundamentá-la. Em primeiro lugar, o que poderíamos chamar "contexto de época". Poucos anos atrás, aconteceram no mundo mudanças vertiginosas e profundas, freqüentemente aludidas por meio de termos que as referem e ao mesmo tempo as estereotipam: globalização, pós-modernidade, multiculturalismo. Todas essas expressões são multívocas. A globalização, por exemplo, não é somente um fenômeno associado à circulação dos fluxos financeiros, mas comporta também dimensões políticas, culturais, tecnológicas, científicas, produtivas, sociais e outras. Destaquemos aquela que aqui parece importar de maneira mais direta: uma ordem política e econômica cujo suporte é de tipo global, que põe em crise a noção tradicional de Estado Nacional e as funções a ele atribuídas. Por outro lado, as facilidades do transporte internacional têm permitido um exponencial aumento das emigrações massivas. Isso produz, como é sabido, choques e conflitos entre o universo de sentido dos grupos emigrantes e os existentes nas sociedades receptoras, gerando problemáticas sociolegais de novo tipo, difíceis de resolver. Não é sequer necessário pensar em grandes diferenças étnicas, raciais ou religiosas. Dias atrás, os jornais de Buenos Aires informavam sobre o acontecimento de batalhas de rua entre jovens espanhóis nascidos em Alcorcón, uma comunidade pequena da periferia de Madrid, e "jovens latinos" (*sic*), provenientes da Colômbia, do Equador ou da República Dominicana, organizados em gangues autodenominados "Lating Kings" ou "Ñetas". Nos celulares e e-mails dos espanhóis circulavam mensagens que expressavam discriminação e ódio racial. [2]

Por fim, as novas tecnologias da comunicação, em permanente atualização, permitem entender que vivemos numa sociedade diferente se comparada com a de poucos anos atrás. A utopia de Mac Luhan sobre a "aldeia global" simplesmente está entre nós, feita realidade, de modo que há mais sociedade, maior interação, que envolve a milhares de milhões de seres humanos em todo o planeta. Tais fenômenos reconfiguram as noções conhecidas de espaço e de tempo, como sustenta Giddens, e produz transformações nas relações entre as pessoas, fragilizando valores e práticas de longa data, o que Z. Baumann chamou de "modernidade líquida". Essas mudanças provocam um impacto

---

2. Conforme *Clarín*, 22/1/07.

no campo da política, das instituições e do direito, entre outros âmbitos, porque mais sociedade parece implicar mais direito e mais Estado, porém... paradoxalmente, temos menos Estado. Em outra ordem de coisas, é possível a reedição de lógicas estatais semelhantes às que configuraram o velho, digamos, Estado de bem-estar? Muitos pensadores sociais, como Luhmann e outros menos suspeitos ideologicamente, pensam que não. A equação na qual se fundamentam, superficialmente apresentada, é a de que um Estado que assume a obrigação de dar satisfação a todas as necessidades fundamentais da população é inviável. Isso acontece porque o Estado tem uma capacidade limitada de obter recursos, ao passo que as necessidades humanas são infinitas. O adjetivo "fundamental" não resolve o problema. Tal como comprova a própria evolução do conceito e da prática dos direitos humanos, a dinâmica social e a luta política ressemantizam esses conceitos de maneira permanente para ampliá-los, aprofundá-los, estendê-los, etc.

Finalmente, como explicava Poulantzas no texto que já mencionei, o ESD ou Estado de bem-estar ou projeto socialdemocrático tem sido através da história predominantemente paternalista ao deixar as decisões sociais e políticas estratégicas nas mãos de tecnocratas e ao esvaziar de poder os órgãos da representação popular. Como se sabe, aqueles respondem mais às demandas da governabilidade do que às decisões populares. De fato, os sistemas representativos das atuais democracias padecem uma crise generalizada, marcada pela brecha entre representantes e representados. Os governos atuam como democracias delegativas, nas quais existe legitimidade de origem, mas não de procedimento. As grandes decisões sociopolíticas e econômicas não se elaboram nem se resolvem nos parlamentos. Estes, no melhor dos casos, apenas as legitimam, quando já haviam sido tomadas em outros âmbitos.

Qual Estado?

Se é certo, então, que o ESD, tal como existiu, não pode ser reconduzido e que a revolução conservadora fez o planeta cair na maior crise de sua história, qual é o instrumento político ao qual devemos acudir para alcançar a emancipação humana?

Para ser sincero, o pensamento progressista (para chamá-lo de alguma maneira possível) não parece ter acordado ainda, pelo menos no plano teórico, da paralisia em que ficou envolvido com a queda do socialismo real, qualquer que tenha sido a posição que o sustentasse em relação a essa experiência concreta. O que fica de "socialismo" no mundo exibe uma condição problemática. José Fernández Vega[3] sustenta que a China se degenerou num capitalismo perfeito que combina riquezas escandalosas, baixos salários e repressão à atividade sindical – algo parecido com o modelo manchesteriano repugnado por Marx. A Coréia do Norte é um estado policial, empobrecido, com seguidas crises de alimentos que são superadas através da extorsão exercida a seus vizinhos mediante a ameaça de seu precário potencial nuclear. É regida por um déspota que herdou, de forma dinástica da pré-modernidade, o poder que exerce.

Cuba conseguiu maior grau de legitimidade ao obter uma importante transformação social na ilha e ao ter sobrevivido à perda de sustentação externa proveniente em seu tempo da União Soviética e ao bloqueio econômico e assédio político permanente dos Estados Unidos. No entanto, não conseguiu democratizar o sistema, mantém severamente restringidas as liberdades básicas e parece ligada no seu destino a uma liderança providencialista que hoje enfrenta horas difíceis, abrindo muitas incógnitas sobre o futuro do regime.

Do ceticismo generalizado que se destaca na esquerda teórica em nível mundial, é preciso exonerar um dos grandes pensadores marxistas vivos, o discípulo de Sartre e interlocutor privilegiado

---
3. Ver artigo "Apelación por el condenado rojo", *Revista Ñ*, 6/1/07.

de Althusser: Alain Badiou. Em seu breve volume *"De un desastre oscuro. Sobre el fin de la verdad de Estado"* (Amorrortu, BsAs, 1998), resiste a aceitar como definitivo o triunfo da democracia de mercado e reivindica o pensamento comunista como a única estratégia emancipatória válida para os seres humanos, mas propõe reformular o sentido das experiências "reais", repudiando o conteúdo despótico de todo estatalismo e, em particular, o que concretizou a experiência soviética. O Estado, destinado a se extinguir na filosofia de Marx, culminou hipertrofiado e repressivo. Badiou postula, com forte radicalidade, a idéia de que Estado e comunismo são termos incompatíveis. A verdadeira liberdade que este último encarna centra suas aspirações nos indivíduos e nas organizações sociais espontâneas, sustenta o autor, carentes de chefias e de burocracias. Se a subjetividade política não for capaz de se sustentar a si mesma, entrará em aliança com um aparelho essencialmente criminal, já que foram os Estados do século XX, incluídos os comunistas, os responsáveis pelas matanças, pelas perseguições políticas, pelos extermínios mais cruéis, pelas grandes guerras e por suas seqüelas de vítimas. Trata-se agora mais de interromper o laço entre democracia e lucro privado, como também de superar a associação entre Estado e comunismo. Há de se salvar a democracia do capitalismo e o comunismo da burocracia política que o adulterou.

Esse pensamento de cunho libertário e individualista não deixa de ter valor testemunhal numa época de crise e desorientação, mas não propõe saídas, pois carece de dimensão estratégica. Constitui, seja dito de forma respeitosa, uma poética da emancipação diante da qual cabe se perguntar quem cumprirá a função de atenuar a barbárie da desigualdade, enquanto não possa ser superada, que não seja o Estado. Como se pergunta o já citado Fernández Vega em seu ensaio sobre Badiou que venho parafraseando: por que fetichizar o Estado como origem de todos os males – capitalistas ou comunistas – emulando assim, sem adverti-lo, o dogma liberal?

Badiou observa, com certeza, que o Estado capitalista destes dias perdeu o papel cultural que manteve nos três séculos passados. Não gera orientações morais ou intelectuais e se limita a manter as regras do jogo. O único marco comum a todos os indivíduos resulta assim no mercado, tal como o pretendia o liberalismo. No entanto, somente o Estado como complexo emaranhado de potências, recursos e domínios pode, hegemonizado por um bloco de poder alternativo, protagonizar as grandes mudanças que possam produzir uma nova construção civilizatória capaz de gerar maior eqüidade, reconhecimentos recíprocos, liberdades fundamentais, custódia ecológica e uso racional dos recursos do planeta. A tarefa não é fácil, porque esse bloco de poder alternativo deverá construir o barco enquanto navega. Quer dizer, deverá imaginar um Estado de novo tipo para construí-lo enquanto se constrói a si mesmo como instrumento político. Propor isso, evidentemente, é mais fácil do que realizá-lo. Termino estas modestas reflexões, tentando contribuir mediante a formulação de alguns temas para a agenda de discussão.

i) Um Estado democrático de novo tipo deve privilegiar, organicamente, a participação popular em todos os assuntos de interesse público, habilitando, em tudo quanto seja possível, a realização autogestionária da política. Deve fechar a brecha entre representantes e representados, submetendo os primeiros à obrigação institucional da consulta cidadã para todas as decisões estratégicas, através dos distintos mecanismos que foram desenvolvidos para esses fins pelos últimos e os que poderão se desenvolver no futuro, como as audiências públicas, os orçamentos participativos, a consulta popular, o referendo, o plebiscito, etc.

ii) Um Estado dessa natureza deve implementar uma luta frontal contra a corrupção, que foi convertida num fator estrutural da política em todo o planeta. Para isso, será oportuno combater as cumplicidades das classes políticas com os fatores de poder, de raiz. Não é uma tarefa impossível se existe vontade política de levá-la adiante; com os recursos tecnológicos atuais, pode-se controlar a situação patrimonial e suas modificações de qualquer agente público, desde o presidente da República até o servidor do Congresso. Esses controles devem estar em mãos de departamentos técnicos da administração, mas também, e com caráter homologatório, em mãos de ONGs e de qualquer particular que o solicite, se identifique e exiba um interesse simples.

iii) O Estado deve ser um juiz com forte intervenção na atividade econômica e financeira, mas declinar – salvo em casos excepcionais de alto conteúdo estratégico, como pode ser o da energia atômica – toda função empresarial. A experiência mostra e a teoria explica o fenômeno da "autonomização perversa" das estruturas burocráticas, que consiste na perseguição de finalidades que não são as que formalmente lhe foram atribuídas, mas as que coincidem com a própria reprodução e hipertrofia.

iv) O Estado sobre o qual hipotetizo não deveria assumir senão aquelas responsabilidades fundamentais que permitissem a ação plena e autogestiva da cidadania na produção de sua vida.

v) Do mesmo modo que a corrupção, em outras épocas, constituía um epifenômeno da política para se tornar atualmente um fator interno e estrutural dessa atividade, sob pretexto de que é impossível desdobrá-la sem dinheiro no marco de um espaço público, que tem substituído o agora pelo segundo televisivo, e este é muito caro[4], também se poderia afirmar que o flagelo da droga tem-se imiscuído como planta voraz e parasitária no emaranhado do sistema de poder e que exibe, além disso, um potencial cada vez mais alu-

---

4. Argentina e Brasil mostram, em suas experiências próximas, exemplos paradigmáticos de como funciona a lógica do "roubo para a coroa".

cinante de confrontação militar e ideológica com a ordem institucional.[5] Esse complexo fenômeno não pode continuar alheio às políticas da esquerda, como tem sido em grande medida até o presente, porque, como diz Norbert Lechner, esta não pode abandonar nas mãos da direita a construção da "ordem desejada". Não é este o lugar para tratar com a profundidade exigida tal problemática, nem eu a pessoa autorizada para fazer isso. No entanto, o que aqui exponho não pode permanecer alheio à agenda de um projeto radicalmente democrático. É preciso, por exemplo, discutir o tema da descriminalização do tráfico de drogas e os efeitos que produz o desmantelamento de um negócio mundial que movimenta bilhões de dólares, baseado, em grande parte, na ilicitude a que leva e na clandestinidade de que reclama.

vi) Um Estado radicalmente democrático deve assegurar as liberdades, produzir maior eqüidade, através da redistribuição dos recursos sociais, garantir o reconhecimento recíproco de todos os habitantes, eliminando qualquer forma de discriminação. Custodiar as garantias individuais, mas ser implacável com o crime organizado. A maior insegurança produzida em nossas sociedades é menos adjudicável ao delito individual, geralmente filho da exclusão e da marginalidade, do que aos grupos organizados que costumam incluir policiais e membros de outras forças de segurança, apadrinhados, muitas vezes, por núcleos que detêm poder político ou econômico. Deve prover saúde e educação integral e retomar o papel de ativo gestor e distribuidor de bens culturais, incentivando e propiciando o debate público sobre os grandes temas de interesse social, os que estejam relacionados tanto à economia quanto à moral, ao progresso científico e à produção artística em todas suas formas.

---

5. Ver a reportagem de *O Globo*, de meados de 2006, sobre o líder encarcerado do PCC.

Esses objetivos, e muitos outros que não foram aludidos, podem ser cumpridos num processo de tipo democrático? Abrigo à convicção de que a resposta é positiva. O dilema reforma ou revolução é falso, demarcado na sociedade complexa do século XXI. As mudanças socioeconômicas e políticas demandadas pela construção de um Estado radicalmente democrático não podem agora ser imaginadas como subitâneos. Serão, sem a menor dúvida, o resultado eventual, e relativamente aleatório, de longos e contraditórios processos. Todo passo adiante nesse caminho é saudável e propiciatório. Trata-se, parafraseando Habermas, de privilegiar a ação comunicativa sobre a ação estratégica.

Porém, faço referência claramente às ações orientadas à transformação real de um estado de coisas que implica um retrocesso civilizatório em escala planetária, e não à maquiagem hipócrita que se aninhava na filosofia da famosa personagem de Giuseppe de Lampedusa.

REVOLUÇÃO DEMOCRÁTICA E SOCIALISMO

*Juarez Guimarães**

O caminho mais promissor para a inteligência é se pôr, a cada período da história, a questão decisiva para a qual convergem todas as esperanças de uma geração. Ao tornar público o ensaio, tramado por uma apaixonada razão, "É possível combinar democracia e socialismo?", o companheiro Tarso Genro formula a problemática decisiva de toda uma época. Ao reunir outras inteligências especulativas, por sua força antidogmática, mas não cética, contribui para retomar em alto padrão o velho hábito da crítica que formou as melhores tradições do socialismo.

Contra o diagnóstico que abriu a passagem do economicismo neoliberal para a política – a de que havia um excesso de demandas democráticas nas sociedades ocidentais –, a ampla resistência ao neoliberalismo soube, nestes últimos anos, inverter a direção da formação da opinião pública: o que há é um formidável *deficit* democrático, decisório, participativo, cidadão, em um mundo e em Estados nacionais cada vez mais governados por grandes fusões de poder e dinheiro. A consciência desse *deficit* democrático alimentou o novo espírito utópico dos movimentos antiglobalização, insuflou os vendavais de mudança eleitoral na América Latina, levou a um crônico desgaste o governo dos Estados Unidos e desafia governos de esquerda e centro-esquerda que se acomodam aos velhos hábitos de governar. Não há nenhuma razão para duvidar de que ela vá continuar crescendo nos próximos anos.

Ora, ao lado e em mútua configuração, hoje é preciso despertar a consciência do enorme *deficit* socialista que visita cada

---

* Juarez Guimarães é professor de Ciências Políticas da Universidade Federal de Minas Gerais. Autor de *Democracia e marxismo: crítica à razão liberal* (Xamã), *A esperança crítica* (Scriptum) e *A esperança equilibrista: o governo Lula em tempos de transição* (FPA), entre outros.

um dos grandes impasses da contemporaneidade. Esse *deficit* é histórico, resultado da herança das experiências fracassadas de construção do socialismo, polarizada pelo grande fenômeno da Revolução Russa, que ensejara o "curto século XX". Foi agressivamente aprofundado nas décadas de 1980 e 1990 pela progressão incontida dos direitos do capital, que repôs em escala maior situações de barbárie e novos riscos para a humanidade. É um sintoma cultural decisivo de uma nova época que sucede aquela recém-vivida, de grave depressão das culturas anticapitalistas, de erosão das energias utópicas, como uma vez bem formulou Habermas.

Deficit democrático e *deficit* socialista: duas expressões de época. A grandeza do ensaio de Tarso Genro está em recolhê-las de sua dimensão sintomática e elevá-las ao plano reflexivo. As culturas do socialismo levaram décadas até isolar autocriticamente as posições que recusavam doutrinariamente a compatibilização entre democracia e socialismo. Mesmo as que se colocavam críticas aos dogmas do stalinismo – partido único, antipluralismo, culto da violência e da hierarquia, subordinação dos valores humanistas aos fins autoproclamados, redução e esterilização dos ideais da autonomia – custaram a transitar para um outro paradigma. As culturas do socialismo, enfim, tornaram-se cada vez mais democráticas. Agora, o grande desafio é como transitar democraticamente para o socialismo. Tarso Genro aborda essa questão de modo frontal:

> (...) caso não seja possível, porém, combinar um projeto de revolução democrática com a retomada, mesmo no longo curso, de um sentimento majoritário alicerçado na utopia da igualdade social – consolidado pela idéia de um socialismo moderno – os movimentos e partidos socialistas perderão totalmente a sua importância histórica, e os aspectos mais conservadores e autoritários também contidos na democracia sob o capitalismo poderão firmar-se e crescer.

OS TRÊS MITOS NEOLIBERAIS

Com a progressão da crise do neoliberalismo, de sua capacidade de atração e de legitimação de agendas, três grandes mitos estruturadores de seu domínio estão caindo por terra. O que não parecia já tão sólido assim está se desmanchando no ar.

O **primeiro mito** é o da estabilização histórica definitiva dos valores, instituições e perspectivas liberais no plano mundial para toda uma época, sentimento que ganhou uma exata fórmula propagandística na tese de inspiração pseudo-hegeliana do "fim da história", de Francis Kukuyama. É certo que não há ainda uma alternativa ou alternativas, um novo paradigma com visibilidade histórica. Tarso Genro questiona:

> O que restou, então, para os vencedores? Criaram um mundo melhor? É este mundo do império, dirigido por Bush, da guerra de conquista? Do domínio do capital financeiro desmontando até as conquistas socialdemocratas? Do consumismo desenfreado e elitista? Da narcocriminalidade dominando grande parte dos recursos do mundo? Da exploração irracional dos recursos naturais? Do genocídio africano? Da concentração especulativa da renda? Da insensibilidade total dos "grandes" perante a fome e a doença de milhões? Este é o mundo "democrático", pós-muro de Berlim? Seu fracasso não é menor do que o fracasso soviético.

Porém, o fundamental é captar o ensinamento do núcleo da polêmica de Boaventura dos Santos com Habermas acerca da incapacidade da "modernidade ocidental" de resolver os grandes impasses postos pela contemporaneidade a partir de seus próprios códigos de valores e arranjos institucionais. Criar instituições mundiais não-assimétricas, regular e tributar o capital financeiro, produzir massiva inclusão social e distribuição de renda, evitar a catástrofe ecológica iminente pela contenção das pulsões mercantis, abrir-se ao convívio das culturas diferentes de modo não-etnocêntrico, controlar o mercado de armas e evitar guerras não parecem resultar das promessas não-cumpridas do liberalismo. O contrário disso parece ser mais verdade quando se leva em conta o recuo na tradição liberal de suas vertentes mais progressistas.

Sem aderir às teses mais grosseiras do socialismo ou da barbárie, até porque a alternativa socialista tem ainda de provar na história a sua potência civilizatória, é sensato falar aqui em um diagnóstico de crise de civilização, de largo espectro e de longa duração. Para esse conceito de crise de civilização, convergem hoje várias tradições do pensamento.

Na cultura do marxismo, a noção da necessidade de um princípio de civilização alternativo ao liberalismo fundamenta o conceito de hegemonia de Gramsci. A construção de um projeto socialista implica a formulação de um outro sistema de organização da vida em sociedade, que exige um outro Estado e uma outra economia, mas não se limita a isso. Na história do marxismo, a crítica do capitalismo como modo de civilização ganhou um estatuto categorial mais desenvolvido, não sem desequilíbrios conceituais, na chamada teoria crítica ou Escola de Frankfurt. Temas como a crítica da racionalidade instrumental, do produtivismo, da cultura mercantil de massas, dos poderes autocráticos das burocracias, das relações entre a subjetividade erótica oprimida e o domínio do capital foram, então, amplamente elaborados.

A noção de civilização está no centro também da história das longas temporalidades de Braudel. A noção de um sistema-mundo que cria a sua própria gramática de estrutura e funcionamento braudeliana alimentou o formidável esforço analítico de Giovanni Arrighi, em *O longo século XX*, sobre os quatro ciclos longos de hegemonia que estruturaram a expansão dominante do Ocidente (ciclos genovês, holandês, britânico e norte-americano) nos últimos séculos. Arrighi identifica, desde os anos 1970, uma crise do sistema hegemônico dos Estados Unidos, centro do complexo sistema capitalista no século XX. Por esse viés histórico analítico de longa duração, pode-se falar também em crise de civilização.

A noção de crise de civilização está sendo trabalhada no movimento de renovação das perspectivas da Teologia da Libertação, em particular nas reflexões de Clodovis Boff e Leonardo Boff. Ela potencializa o espaço e o alcance da crítica ao liberalismo, tematizando com centralidade a relação homem/natureza em uma perspectiva cósmica.

O diagnóstico em que estamos inseridos, em uma crise de civilização de longa duração, é central para a compreensão do fenômeno do Fórum Social Mundial e para a criação de uma nova agenda das esquerdas no século XXI. Seria possível, assim, pensar essa inovação a partir do conceito marxista clássico de uma revolução democrática, já que a construção de um novo Estado e de uma estatalidade mundial exige a construção de princípios alternativos de civilização que fundamentem um novo contrato de direitos e deveres.

O **segundo mito** que caiu por terra é o da crise agônica dos Estados de bem-estar social, com sua pletora de direitos sociais historicamente acumulados, ou, em linguagem neoliberal, o mito da "convergência dos Estados de bem-estar social para um mínimo liberal". O estudioso de políticas públicas Carlos Aurélio Faria resenhou uma longa bibliografia recente, mostrando, com evidências empíricas e análises, como a morte anunciada dos Estados de bem-estar social não ocorreu em suas cidadelas mais típicas, demonstrando imensa capacidade institucional e cultural de resistência às políticas restritivas dos governos liberais.[1]

Em particular, os estudos contemporâneos de Esping Gosta-Andersen, em *Fundamentos sociales de las economias postindustriales* (Barcelona, Editorial Ariel, 2000), permitem falar em transições diferenciadas dos Estados de bem-estar social, a partir

---

1. FARIA, Carlos Aurélio Pimenta de. "Novos capítulos da crônica de uma morte sempre anunciada ou a crise do *Welfare State* revisitada". *Teoria & Sociedade*, n. 9, p. 202-229, Belo Horizonte, UFMG, 2002.

de seus diferentes formatos institucionais, da força das coalizões trabalhistas, socialdemocratas ou socialistas. Historicizando a evolução dos direitos sociais, Gosta-Andersen incorpora em seus estudos mais recentes a dimensão dos direitos das mulheres e da "desfamiliarização", a mutação em curso das famílias estáveis nucleadas no provedor masculino.

A ênfase unilateral na crise fiscal estrutural dos Estados de bem-estar social, formulada com vigor pelas vertentes neoliberais, mas também por diagnósticos marxizantes, parece hoje historicamente relativa. De um lado, é verdade que o pacto socialdemocrata que articulava pleno emprego-tributos-políticas públicas entrou em crise, ou "em desequilíbrio", como bem formula Giuseppe Crocco, pela pressão da competição globalizada e pelo poder desestabilizador dos mercados financeiros desregulados. De outro lado, o patamar atingido pelo excedente da riqueza social, o incremento da produtividade *vis-à-vis* a queda vertiginosa ou a estabilização do crescimento das populações (mesmo levando em conta a alteração do seu perfil etário) permitem amplas margens de manobra em relação ao período após a Segunda Guerra Mundial, que estabilizou as formas modernas do Estado de bem-estar social.

De um ponto de vista da esquerda, a crise fiscal dos Estados de bem-estar social pode revelar seja a fuga de massas de capitais especulativos da tributação, seja a apropriação privatista e socialmente destrutiva da incorporação das novas inovações científicas à economia, seja a perda de referências organizacionais nos novos mundos do trabalho em formação. Enfim, o desafio consiste muito mais na capacidade de construção de coalizões políticas capazes de retirar poder político do capital financeiro e estabilizar novas modalidades de ciclo econômico virtuosos, compatíveis com a inclusão social e a expansão dos direitos. Parece também claro que essas políticas não podem mais ser de base exclusivamente nacional, demandando avanços nos direitos internacionais e no compartilhamento de padrões de cidadania em espaços supranacionais em formação.

O **terceiro mito** do auge do domínio liberal é o do fim das tradições socialistas, condenadas à perda de sua relevância social e histórica futura. Seria desprezar o acúmulo intelectual e cultural das várias vertentes críticas do liberalismo, tratar esse mito como pura aparência. O acúmulo liberal, travado durante décadas centralmente em torno do valor da liberdade contra as realidades e os dogmas autocráticos das tradições stalinistas ou semi-stalinistas, alcançou um ponto de sedimentação que se transformou em campanhas midiáticas na conjuntura de dissolução da União Soviética.[2]

Essa pressão dissolvente exerceu, sem dúvida, forte efeito desagregador sobre as tradições que se reclamavam do socialismo. Em geral, vale o seguinte princípio: quanto mais próximas ou referidas às tradições autocráticas do socialismo, mais forte foi o efeito da desmoralização. Contudo, mesmo as tradições do socialismo democrático sentiram fortemente o efeito. Como a política se organiza em torno a campos de força, produziu-se uma virada à direita que atingiu, em padrões diferenciados, inclusive as correntes da socialdemocracia.

Desfazer-se, então, desse terceiro mito neoliberal não é pregar o seu contrário, isto é, propagar ingenuamente a idéia de um futuro promissor do socialismo no século XXI. Há todo um terreno de conquistas políticas, sociais, intelectuais, culturais, simbólicas a serem obtidas nas próximas décadas que decidirão sobre o futuro do socialismo. O que é fundamental, no período atual, é superar o ceticismo que se tornou um verdadeiro mal de época, cultivar as razões da esperança e afirmar com nitidez a possibilidade histórica de reconstrução de novas bases históricas do socialismo democrático. Daí a dimensão central de uma justa e proporcionada relação crítica entre tradição e inovação na cultura socialista.

---

2. GUIMARÃES, Juarez Rocha. *Democracia e marxismo: crítica à razão liberal*. São Paulo: Xamã, 1998.

Tradição e inovação

O grande risco para quem se põe diante de questões teóricas dessa envergadura é perder a visão ampla da história. Fazer teoria sem historicizar é se desfazer da carne e da vida dos conceitos. Antonio Gramsci é aqui o grande mestre, explícito e insinuado, das reflexões de Tarso Genro.

No entanto, para historicizar os conceitos, é preciso teorizar sobre a história. Magna dificuldade: esta não é, por excelência, o lugar do incerto e do imprevisto, do inacabado e da mudança? Para um socialista, cuja tradição está em formação, sob que terreno aceder para formar os grandes juízos de sentido sobre o vivido?

Penso que seria correto afirmar que o companheiro Tarso Genro consegue, fundamentalmente, um equilíbrio aberto entre a tradição e a compreensão das novas realidades contemporâneas.

Isso vale, em primeiro lugar, para a herança da obra de Marx. Há o reconhecimento do marxismo como referência fundante de crítica ao capitalismo e de sua dinâmica, juízo que também se propõe crítico em relação a previsões não-realizadas e a faltas e lacunas centrais no *corpus* da teoria. Tarso Genro insiste, em particular, na ausência de uma teorização forte dos temas do Estado e do direito no campo da cultura do marxismo. Enfim, um marxismo crítico, e não um antimarxismo da moda ou uma resignada reafirmação de verdades desde antes sabidas.

Vale também para o reconhecimento da permanência da "centralidade do trabalho", que vai de par com o reconhecimento de que se está criando um "novo mundo do trabalho". Isto é, nem uma superação da noção básica de luta de classes, nem a mera reiteração de uma sociologia tradicional da fábrica e da coesão natural ou corporativa dos trabalhadores.

Essa capacidade de equilibrar-se alcança um ponto nodal na avaliação do legado da II^a e da II^a internacional, da Revolução Russa e da socialdemocracia clássica, com suas polêmicas e estratégias de reforma e revolução. Tarso Genro propõe que deve ser feito um balanço dialético das revoluções socialistas, assim como das revoluções burguesas, em sua específica inserção histórica.

Escrevendo sobre a Revolução Francesa, Kant afirmou que "um fenômeno como este, na história da humanidade, não se pode mais esquecer porque revelou na natureza humana uma disposição, uma faculdade de progredir tal como nenhuma outra política poderia ter extraído, com tanta sutileza, do curso anterior dos acontecimentos". E ainda: "Que a Revolução consiga seus objetivos ou fracasse, que esteja loucamente repleta de misérias e atrocidades que um homem sensato não ousaria repetir, ela, apesar de tudo, encontra nos espectadores uma simpatia próxima do entusiasmo".

Tarso Genro certamente não professa, como Kant, uma filosofia da história, a convicção de que a história caminha progressivamente para um crescente aperfeiçoamento moral do gênero humano em direção a uma confederação mundial de repúblicas, unificadas por um direito cosmopolita. Mas ele certamente quer reter a moralidade esplêndida do ato socialista da Revolução de 1917, que permanece na consciência da humanidade apesar de "suas loucas misérias e atrocidades".

A BUSCA DE UM NOVO PARADIGMA

Como lembra Tarso Genro, "Trotsky já advertira a respeito de uma situação totalmente nova, fora dos cânones até então desenhados pelo marxismo soviético, que poderia se abrir depois da Segunda Guerra Mundial. Eminentes dirigentes políticos, estudiosos e intelectuais marxistas e não-marxistas, vêm trabalhando há muito sobre o tema, sem maiores acolhimentos pelo marxismo sonolento de setores ainda importantes da esquerda. Trotsky, porém, num daqueles lampejos geniais que às vezes lhe caracterizava, já apontava para a necessidade da 'revisão' das forças motrizes da revolução, se, contra todas as probabilidades, a Revolução de Outubro, durante a guerra atual ou logo depois, não se estender a algum país avançado (...), o que se sabe efetivamente não ocorreu".

Assim como a cultura de um socialismo autocrático, estatista e do partido único estabilizou-se em um paradigma de estratégia revolucionária na cultura da III[a] Internacional stalinizada, seria necessário pensar, de modo alternativo, uma concepção de revolução democrática em compasso com a cultura do socialismo democrático.

O conceito de revolução democrática não deveria ser pensado como esclarecido ou fixado, até porque não houve ainda uma experiência paradigmática de transição ao socialismo através do aprofundamento da democracia. De novo, conceitos não nascem prévios à experiência, mas maturam com ela. Mudança de paradigma, porém, quer dizer exatamente isto: capacidade para pensar novas relações, novos conceitos, disponibilidade para colocar-se em um novo campo de reflexão. Assim, o conceito de revolução democrática não poderia ser simplesmente pensado como a passagem adaptativa dos conceitos estratégicos da III[a] Internacional para um novo formato. Outro risco maior é o de assimilá-lo à estratégia reformista, gradualista, parlamentar da socialdemocracia.

Quando se fala em revolução, e não em reforma, é porque o que se tem como meta, em termos clássicos do marxismo, é a criação de um outro Estado, com fundamentos democráticos diversos daqueles do paradigma liberal. Quando se fala em revolução democrática é porque que se quer um caminho democrático de construção desse novo Estado que, na linguagem da soberania popular clássica, exige em algum momento um processo de refundação constitucional. Novos princípios de fundação dos direitos e deveres – inclusive, e de modo importante, no campo da economia – novas instituições e novas formas de regulação. Quando se vincula revolução democrática a transição ao socialismo, estabelece-se um nexo histórico entre os princípios que organizam o novo Estado e os valores do socialismo democrático.

A incorporação de valores, direitos e perspectivas do feminismo no centro estratégico da revolução democrática é um importante diferencial do paradigma da revolução democrática em relação ao da IIIª Internacional stalinizada. Se os primeiros anos da Revolução Russa incorporaram amplamente os direitos propostos pela chamada "primeira onda" do feminismo histórico (igualdade de direitos políticos e civis, amplo reposicionamento dos direitos das mulheres trabalhadoras, direito ao divórcio e ao aborto), tornando o recém-formado Estado soviético o mais avançado do mundo em relação a essa questão decisiva, os anos 1920 foram marcados por uma estagnação e pelo progressivo esvaziamento dessa dimensão, sendo já os anos 1930 marcados por um profundo retrocesso patriarcal. Assim, em compasso com esse retrocesso no centro dirigente, os partidos comunistas em geral subordinaram a dimensão feminista a um enfoque de luta classista patriarcal.

Já existe um diagnóstico recente de que os avanços mais expressivos na cultura democrática contemporânea – como a iluminação entre as relações do público e privado, a nova moral sexual, o trabalho doméstico, dos direitos da diferença e a rica subjetivação do conceito de autonomia – estão vinculados aos temas e perspectivas do feminismo.

A revolução democrática implica, portanto, um esforço para reverter a onda conservadora e antifeminista dos anos 1980 e 1990, fundando em novas sínteses as perspectivas classistas e de gênero, trazendo o feminismo para uma posição hegemônica na formação de um novo Estado que supere plenamente as dimensões patriarcais presentes na tradição liberal.

Esse paradigma de revolução democrática, alternativamente ao modelo da IIIª Internacional, pode elaborar de modo diverso sete dimensões decisivas.

A **primeira dimensão** seria a concepção de temporalidade da revolução democrática, o modo como reelabora processo e ruptura no plano histórico. No paradigma da IIIª Internacional, a noção de crise revolucionária e de crise nacional davam conta de um tempo condensado da revolução, concentrado no ato de conformação e resolução de uma dualidade de poderes. A resolução da dualidade de poderes inaugura o "ano um" da revolução.

Na concepção de revolução democrática, trabalha-se com a noção de contemporaneidade da revolução frente a um largo período de crise de civilização. A revolução democrática não está em um tempo futuro indeterminado ou anunciado, mas pode começar aqui e agora. A temporalidade da revolução democrática não se inicia com o ano um após a resolução da dualidade de poderes, mas combina um longo processo histórico de mudanças, que precede e segue a formação de um novo Estado. Inicia-se quando um partido do socialismo democrático ou uma frente de partidos socialistas democráticos consegue protagonismo político suficiente para dirigir um governo nacional ou formar a legitimidade de uma nova agenda de mudanças mesmo ainda em coalizão com forças não socialistas e nos marcos de instituições não socialistas do Estado. Não é necessário que esse protagonismo seja pensado linearmente, ou seja, em um tempo seqüencial, sem interrupções. O programa da revolução democrática pode reorganizar-se na oposição e vir a tornar-se de novo dirigente em um período subseqüente. Pensada assim, a temporalidade da revolução democrática é um processo de rupturas, ou uma ruptura em processo, que caminha em direção a um período concentrado de fundação constitucional de um novo Estado, a partir das conquistas já acumuladas pelo processo de revolução democrática.

A **segunda dimensão** é uma nova gramática de relação entre reforma e revolução. Nesse novo paradigma de revolução, o trabalho social e institucional por mudanças na ordem, por obtenção de reformas, por garantia de direitos ganha uma dimensão muito mais decisiva e central do que na alternativa terceiro-internacionalista que previa fundamentalmente um trabalho externo ao Estado de construção de uma dualidade de poderes. Valoriza-se o debate, travado por Lenin, favorável à participação nas eleições das Dumas, que tinham escasso poder no Estado czarista. Mas a experiência bolchevique não contava com espaços democráticos mínimos para exercer uma ação reformista sobre a ordem. Tal singularidade foi levada a uma dimensão estratégica na estratégia terceiro-internacionalista.

Regimes baseados na soberania popular permitem, em graus variados, intensa ação de luta por direitos e de reformas. Não se deveria falar, no entanto, de um caráter predominantemente reformista do paradigma da "revolução democrática" em detrimento de sua dimensão revolucionária. Trata-se exatamente do contrário: é a possibilidade de praticar em regimes de soberania popular um "reformismo revolucionário", uma luta muito mais ofensiva pela socialização do poder (inclusive integrando a participação política das mulheres e das minorias oprimidas) e por conquistas que favoreçam os direitos e as posições dos trabalhadores frente ao capital e seus circuitos de valorização. Essa luta reformista democrática, assim pensada, implica processos criativos de novas tradições participativas e deliberativas (como os orçamentos participativos), bem como um processo de juridificação e regulação de novos direitos democráticos e trabalhistas que vão diminuindo, contendo ou controlando os direitos assimétricos em relação à propriedade, à tributação, aos direitos do trabalho, ao acesso ao crédito e aos fundos públicos, etc.

Uma **terceira dimensão** do novo paradigma da revolução democrática é a incorporação da não-violência como valor, isto é, a busca das transformações legitimadas pelas vontades democráticas das maiorias em regime de pluralismo. Uma concepção realista da democracia certamente não elide a dimensão coercitiva do poder político, mas a subordina à construção de idéias-força de sentido universalizante (que não se confundem com consensuais, pois isso levaria a pensar que as divergências de interesse, socialmente estruturadas, podem ser anuladas), através da racionalidade comunicativa, dialogal, consociativa, contratual ou pactual. Uma tal concepção estratégica de revolução, portanto, diferencia-se das concepções que priorizam a luta armada pela poder ou relacionam unilateralmente a revolução à violência, sem regulação democrática legal. Processos militarizados levam inevitavelmente, pela própria lógica das estratégias militares, à redução dos componentes democráticos da experiência.

A experiência histórica já demonstrou que a violência revolucionária incontrolada volta-se, no curso do processo, contra si mesma e contra as energias libertárias originais. Não são indiferentes às revoluções as vidas sacrificadas em vão, mesmo no campo dos adversários da revolução democrática. Em tempos de poder nuclear e exacerbação dos poderes destrutivos dos arsenais bélicos, a dimensão pacífica da revolução democrática é fundamental para a própria viabilidade. A garantia dos direitos humanos relaciona-se à própria idéia da revolução democrática.

É, por outro lado, evidente que um paradigma da revolução democrática não é capaz, por si só, de evitar situações de violência, mas pode minimizá-las, regulando-as de forma democrática, tornando-as excepcionais no tempo e no espaço. Em particular, resistências às mudanças que se coloquem fora da legalidade democrática da soberania popular podem e devem sofrer a coerção e as sanções previstas na ordem democrática.

Uma **quarta dimensão** que diferencia o paradigma da revolução democrática do paradigma da revolução da III[a] Internacional é a ênfase posta na mudança da cultura política, que fornece a legitimidade democráticas das mudanças estruturais.

O alcance e os limites de uma revolução democrática dependem da direção política e da legitimidade construída das mudanças. Para ela convergem não apenas as tradições do socialismo democrático, mas um conjunto de movimentos, forças, lideranças, entidades e partidos que têm em comum um horizonte republicano de cidadania. Se as tradições do socialismo democrático não travam uma luta pública por seus valores, suas perspectivas, pela dignidade e pelo futuro de sua história, a força histórica do liberalismo pode paralisar, amortecer ou conter o sentido transformador de uma revolução democrática.

No paradigma terceiro-internacionalista, estabelecia-se uma relação entre a vanguarda socialista e a consciência classista ou popular das massas. No paradigma da revolução democrática, a consciência socialista não deve ser entendida como privilégio das vanguardas, mas pode ser construída, em uma dinâmica pluralista, como um fator estruturante da própria consciência democrática popular. O projeto, a esperança, o sentido de uma sociedade socialista democrática pode e deve vir a se transformar em um patrimônio comum de um povo no processo da revolução democrática.

Para se tornar um senso comum democrático, seguindo aqui diretamente as intuições de Gramsci, a cultura do socialismo democrático deve ser capaz de romper a divisão elite/massa e fecundar-se no plano da interação entre o erudito e o popular. Deve desfazer-se de uma unilateralidade racional iluminista e abraçar, fundir-se com sentimentos, tradições, festas, artes e religiões populares. Deve abandonar as imagens unitárias e homogêneas do povo ou das classes trabalhadoras e abrir-se aos direitos à diferença, ao pluralismo social, à imaginação criadora.

A cultura do socialismo democrático não pode ser inimiga, nesse sentido, das religiões, mas apenas do que há nelas de opressivo e de legitimação de estruturas de dominação. A fraternidade cristã, a fé dos que depositam sua esperança nos aléns da história possível, a esperança utópica, a busca da transcendência, os sentimentos cósmicos de religação com o mundo podem, como já se evidenciou, ser fonte de emancipação. As próprias culturas do socialismo estão profundamente vinculadas a essas dimensões que não são redutíveis aos cálculos da razão. Contudo, essa nova postura aberta e dialogal para com as religiões não deve levar a que se subestimem as dimensões opressivas e até reacionárias contidas nas dogmáticas religiosas, em particular em relação aos direitos da mulher, dos homossexuais, da cultura erótica livre e em relação à própria liberdade de pesquisa científica.

Uma cultura do socialismo democrático não pode desenvolver-se sem a cultura classista dos trabalhadores deixar de transcender seus limites corporativos. Não há nenhum destino imanente automaticamente presumido dos trabalhadores em direção à cultura do socialismo. Nem está escrito que no mundo do capitalismo moderno a sua consciência típica é reformista. Mas é razoável reconhecer que o antagonismo de classe que enfrentam na origem de sua condição social em relação ao capital os tornam receptivos às culturas que se organizam a partir do princípio da solidariedade, da liberdade como autonomia dos poderes discricionários dos capitalistas, da igualdade social.

Sem a democratização dos meios de comunicação de massa e sem a formação de uma esfera pública que garanta a formação pluralista da opinião, é muito difícil o desenvolvimento de uma cultura socialista democrática. Por isso, é fundamental no paradigma da revolução democrática a centralidade de uma agenda de transformações nessa área decisiva de formação de legitimidade, regulando democraticamente o poder assimétrico das empresas de comunicação, estimulando as formas alternativas e estruturando no núcleo da institucionalidade democrática um espaço público de informação e opinião.

Uma **quinta dimensão** central do paradigma da revolução democrática é o seu caráter sociopolítico, ou seja, a sua dinâmica de socialização do poder. O paradigma revolucionário típico da III ª Internacional era o da ação instrumental nas instituições do Estado burguês, visando à sua desestabilização, à sua destruição e à construção de um novo Estado. Para o paradigma da revolução democrática, é fundamental a ampliação dos espaços democráticos, a expansão dos direitos e a construção de uma ética pública. É, aliás, o que caracteriza a sua dinâmica ascendente, o seu "reformismo revolucionário" em direção à meta histórica de um novo Estado democrático fundado de acordo com valores socialistas.

O paradigma da IIIª Internacional trabalhava cerradamente a oposição entre democracia direta e democracia representativa, entendendo a primeira como típica do Estado proletário e a segunda como típica do Estado burguês. O paradigma da revolução democrática trabalha com as noções de democracia participativa e democracia deliberativa, que podem englobar diferentes arranjos de participação direta, semidireta e representativa.

O paradigma da IIIª Internacional centrava-se na acumulação de poder em um partido da revolução, entendido como proto-Estado, isto é, como núcleo do futuro Estado socialista pós-revolucionário. O paradigma da revolução democrática admite explicitamente o pluralismo partidário e o pluralismo das organizações dos movimentos sociais, não estabelecendo uma hierarquia entre eles. A noção de uma sociedade auto-organizada ganha aqui toda a sua dimensão central para uma efetiva socialização do poder.

O paradigma da IIIª Internacional, em sua concepção de ditadura do proletariado como referência da transição, abordava a constitucionalidade e o Direito de forma instrumental. Em vez disso, o paradigma da revolução democrática assenta sua legitimidade na construção de um novo pacto constitucional, no enriquecimento do corpo legal para além dos limites classistas do direito liberal e na efetiva socialização do acesso à Justiça.

A **sexta dimensão** do paradigma da revolução democrática diz respeito ao desafio de transformar os fundamentos ético-políticos liberais do Estado que asseguram e reproduzem a dominação do capital. O direito e as formas de propriedade social, as relações assimétricas entre trabalhadores e capitalistas, o controle dos poderes financeiros, a produção e a apropriação das inovações científicas e tecnológicas, a desmercantilização da reprodução da vida social e as formas de enlace do Estado nacional com o capitalismo internacional são todos desafios postos na direção socialista da revolução democrática. Para os socialistas, o direito incondicionado da propriedade privada sobre os meios de produção é uma invenção histórica do liberalismo e deve ser criticado e superado a partir do ponto de vista da sua função social. Até as correntes mais progressistas do liberalismo, como aquela fundada por John Stuart Mill no século XIX, reconhecem a historicidade e o relativismo do conceito de propriedade. Várias experiências históricas, em momentos de excepcionalidade histórica, acolheram a execução de amplos processos de reforma agrária. As correntes do cristianismo, fundadas no direito natural, sempre enfatizaram as dimensões comunitaristas, cooperativistas ou sociais do direito de propriedade.[3] A tradição marxista, em particular, programatizou desde os seus inícios a socialização dos meios de produção, embora nunca tenha estabilizado conceitualmente as formas jurídicas, democráticas e econômicas dessa proposta.

É nesse sentido que Tarso Genro formula, em uma perspectiva de médio e longo prazo, a necessidade de uma

> tipologia das empresas numa visão socialista (...) configurar, técnica e politicamente, fundamentos de uma nova teoria da empresa – a partir da importância que elas têm no avanço da produção e da sociabilidade humana no desenvolvimento da modernidade – pensando em instituições produtivas e de serviço, tais como empresas públicas não-estatais, empresas estatais sob o controle do usuário, empresas privadas de interesse público estratégico, instituições privadas de serviços para recuperação de capital natural com regimes fiscais e trabalhistas, além de instituições públicas não-estatais para o cumprimento de funções do interesse do Estado, além daquelas já existentes e das instituições

---

3. GUIMARÃES, Juarez Rocha. "O cristianismo e a formação da moderna questão agrária brasileira". In: PAULA, Delsy Gonçalves de; STARLING, Heloísa Maria Murgel; GUIMARÃES, Juarez Rocha (orgs.). *Sentimento de reforma agrária, sentimento de república*. Belo Horizonte: Editora da UFMG, 2006.

cooperadas, estas muito importantes em países altamente desenvolvidos, como a Espanha e a Itália.

É uma construção das tradições operárias o diagnóstico de que a democracia liberal termina na porta da empresa. No reino da produção capitalista vigora o despotismo, que se revela desde o controle das informações estratégicas até o sagrado direito de demissão, passando pelo impedimento ao livre exercício do direito de organização no local de trabalho. O cidadão político só é autônomo, no mundo liberal, enquanto não é um produtor, denunciou Marx desde 1840. As tradições do direito do trabalho têm, ao longo do tempo, procurado limitar essa lógica autocrática de poder do capital através da noção dos direitos do trabalho. Um dos centros da agenda neoliberal foi exatamente solapar essa cultura de direitos. Retomá-la e atualizá-la no contexto da formação dos "novos mundos do trabalho" no século XXI é um fundamento básico da revolução democrática.

Na economia contemporânea, a dinâmica dos capitais financeiros é, por excelência, o abrigo central dos poderes do capital. A massa de capital sobrante, não-reinvestido na produção, foi conformando, a partir do patrocínio dos Estados capitalistas centrais, uma rede especulativa que adquiriu, nas últimas décadas, uma inédita e extensa rede de poder sobre a economia mundial. A regulação, a tributação e o controle dessa economia do capital financeiro, segundo critérios democráticos e sociais, é fundamental para os trabalhadores disputarem historicamente a direção das políticas macroeconômicas. Ao mesmo tempo, seria decisivo constituir os fundos públicos vinculados aos trabalhadores e à economia popular, necessários para ir constituindo fundamentos macroeconômicos alternativos para o investimento público.

Comprovando, nesse aspecto, inteiramente o diagnóstico clássico de Marx de que o capitalismo representava o primeiro modo de produção capaz de integrar plenamente a ciência à produção, o que lhe permitiria o caminho histórico de expansão da mais-valia relativa frente à pressão dos trabalhadores para diminuir a exploração, o capitalismo contemporâneo passa por um período de intensa mutação de sua base produtiva. Ao contrário de uma visão apologética liberal, que associa unilateralmente a economia do livre mercado à inovação científica, há toda uma tradição da economia política que demonstra o contrário disso: como a formação de sistemas de inovação nacional, com forte apoio estatal, foi fundamental para criar a ambiência e a própria viabilidade dessas inovações. Em particular, a economia norte-americana beneficiou-se desde o fim da Guerra Civil, no século XIX, de um complexo militar-tecnológico que alimentou desde então toda uma dinâmica de inovação industrial.

A ciência tem, assim, uma base universal, mas sua direcionalidade e sua apropriação são feitas privadamente, com conseqüências devastadoras para a sociedade e para a natureza. É um desafio para a revolução democrática constituir um sistema nacional de inovação, democraticamente regulado, capaz não apenas de universalizar a apropriação das resultantes científicas, mas também de fundar novos paradigmas produtivos ecossustentáveis.

Ao contrário do neoliberalismo, que alargou os espaços de mercantilização da vida social, é uma meta da revolução democrática superar as dimensões concentradoras e assimétricas do mercado dominado pelo capital. Desmercantilizar os bens da saúde, da educação, da cultura, da habitação e do saneamento, da previdência, da natureza é, na boa linguagem de Francisco de Oliveira, criar os direitos do antivalor. É demarcar áreas fundamentais para a reprodução da vida social que não podem estar dominadas pela valorização do capital, mas reguladas pelos direitos universais a uma vida digna. Não significa que todas essas áreas devam ser estatizadas ou submetidas a uma produção centralizada, mas simplesmente que, por exemplo, não tem sentido hierarquizar o direito à saúde em função do dinheiro e do lucro.

Enfim, um tema decisivo da revolução democrática deve ser o do reposicionamento estratégico do Estado nacional diante da histórica restrição de sua soberania frente aos Estados capitalistas centrais, que tem um valor especial para os povos que vieram de históricos coloniais, periféricos ou semiperiféricos.

Chegamos, enfim, à **sétima dimensão** decisiva da revolução democrática. O paradigma da revolução democrática aprofunda e requalifica o princípio internacionalista que compareceu de modo ambíguo na tradição que se cristalizou em torno da III^a Internacional. O isolamento e a conseqüente territorialização da primeira revolução anticapitalista vitoriosa levou a que o princípio internacionalista fosse revisto a partir da teoria stalinista do socialismo em um só país e do nacionalismo grão-russo. Sectarizou-se a partir da dinâmica de bolchevização da cultura e dos partidos revolucionários, tendo como base um modelo único e simplificado de revolução. Hierarquizou-se pela construção geopolítica, após a Segunda Guerra Mundial, a partir da anexação de países sem autonomia política e transformados em satélites da União Soviética. Em um contexto de inexistência de organismos internacionais multilaterais e de vigência do estatuto colonial em várias regiões do mundo, criou-se a noção de um "campo socialista", delimitado a partir de uma lógica de confrontação com o resto do mundo.

Se ainda tem como base política de referência o Estado nacional, o paradigma da revolução democrática no século XXI, inserindo-se em um sistema-mundo profundamente globalizado, exige o pleno desenvolvimento do princípio internacionalista. Assim, em vez de uma dinâmica de territorialização e autarquização, a revolução democrática só pode desenvolver-se no terreno do universalismo e da interdependência. A essa dinâmica internacionalista aprofundada e requalificada corresponde uma agenda histórica de luta pela paz, pelos direitos humanos e contra a desigualdade social, pela regulação/tributação dos capitais financeiros e pelos direitos do trabalho, pela superação dos modelos produtivistas e pela superação das ameaças ecológicas globais, pela superação dos racismos e da opressão das mulheres, pelo respeito às diferentes culturas e civilizações da humanidade.

A construção de um novo Estado, assentado em bases de valores socialistas, em um longo período histórico de transição, pode e deve ser compatibilizada com projetos democráticos de construção de espaços de unificação estatal supranacional. De igual maneira, a luta pela transformação da governança mundial em bases republicanas, democráticas e federativas, hoje assentada em organismos de poder e riqueza assimétricos, deve fazer parte de uma agenda internacionalista da revolução democrática.

Socialismo, democracia e liberalismo

O paradigma da revolução democrática exige, no plano histórico, a clarificação das relações entre socialismo, liberalismo e democracia. A formação da cultura do socialismo democrático no PT representa a convergência em processo de síntese aberta entre diversas correntes do marxismo e críticas ao liberalismo: remanescentes da tradição de esquerda do antigo PSB, do trotskismo democrático, do comunitarismo de bases da Teologia da Libertação, da crítica de Claude Lefort ao totalitarismo e do conceito de autonomia de Castoriadis, da superação do viés doutrinarista da antiga Polop, da influência do processo de renovação eurocomunista do antigo PCB. É evidente que essa síntese política aberta ainda não adquiriu raízes filosóficas, teóricas e políticas estabilizadas.

É nesse quadro que adquire uma importância crucial a delimitação da cultura do socialismo democrático em relação ao liberalismo, tradição ampla dominante no plano internacional e de raízes muito mais estabilizadas e dotadas de poder expansivo. O risco maior é o de se caminhar para um terreno entre socialismo e liberalismo, na linha do "socialismo liberal" ou "liberal socialismo", como propunha o filósofo italiano Norberto Bobbio.

Tem aí uma importância decisiva o debate sobre a universalidade da democracia ou a democracia como valor universal, na linha de um ensaio justamente célebre de Carlos Nelson Coutinho. Há três maneiras de lidar com essa afirmação da universalidade da democracia, todas amplamente questionáveis. Ao mesmo tempo, seria necessário pensar que valores, direitos e instituições presentes na cultura democrática contemporânea são universalizáveis, isto é, transcendem os limites históricos do liberalismo e podem ser integrados em um projeto socialista e democrático.

A primeira é a que leva simplesmente a afirmar as instituições e os valores do modelo democrático ocidental, em seu pluralismo contemporâneo, como universais e eternos. Isso equivaleria simplesmente a igualar "liberalismo democrático" e "democracia", antepondo o individualismo possessivo, a economia de mercado capitalista, as instituições eleitorais representativas e os direitos e deveres nela assimilados como a-históricos. Contra essa versão, basta assinalar simplesmente que, durante a maior parte da sua história, o liberalismo não apenas não foi democrático como foi contra a democracia e o sufrágio universal, inclusive o direito de voto das mulheres. Os direitos sociais hoje presentes nessas democracias liberais resultaram, fundamentalmente, das pressões dos movimentos dos trabalhadores socialistas ou socialdemocratas.

A segunda versão é justamente aquela de Norberto Bobbio. Ele reconhece que na maior parte do tempo o liberalismo não foi democrático e que não cabe confundir essas duas tradições. Mas postula, em seguida, que os elementos centrais do que hoje reconhecemos como democracia originaram-se de uma evolução do liberalismo, que se tornou democrático ao longo do século XX. Daí não ser possível mais separar democracia e liberalismo: se houve liberalismo sem democracia, não pode haver democracia sem liberalismo. O paradoxo para o socialismo resulta disto: pelas regras do jogo democrático (que são centralmente constituídas pela evolução da tradição liberal) não houve ainda uma transição histórica para o socialismo. Onde se procurou implantar o socialismo, isso se fez contra a democracia.

A crítica à tese de Norberto Bobbio passa por dois caminhos. Em primeiro lugar, pela crítica dos seus pressupostos: Bobbio esposa a concepção de Weber da democracia baseada em procedimentos técnicos de constituição de maiorias (e não baseada em valores universalizantes) e a concepção positivista do Direito de Kelsen. Disso decore não conseguir formar um campo teórico coerente entre esses pressupostos e a aspiração ética humanista que é tão forte em seus escritos. Ora, as regras do jogo baseiam-se em ou expressam valores e, apesar de um certo desenvolvimento técnico jurídico, não podem ser pensadas como neutras ou puramente procedimentais.

O segundo caminho de crítica a Bobbio resulta na sua leitura seletiva da irrupção da modernidade como criação exclusiva do liberalismo, o que, fundamentalmente, segue Weber. O conceito de indivíduo, de direitos, de liberdade, de constitucionalismo e de leis resultaria da tradição liberal, o que não deixa de ser uma grosseira simplificação histórica: como se não houvesse uma noção de liberdade como autonomia na cultura do republicanismo anterior ao nascimento do liberalismo, como se a noção moderna de indivíduo pudesse prescindir do humanismo renascentista, como se noção moderna dos direitos pudesse prescindir da Revolução Francesa e assim por diante.

Bobbio não reconhece a existência de uma tradição própria do republicanismo, anterior e alternativa ao modo liberal de pensar a liberdade. Na boa síntese de Quentin Skinner, o conceito liberal de liberdade assenta-se na afirmação do espaço da livre movimentação do indivíduo perante o Estado.[4] Daí a resultante

---

4. SKINNER, Quentin. *The paradoxes of political liberty* in *Liberty*. Oxford: 1990, p. 183-205.

de que, quanto menos Estado, quanto mais restrito for o campo de suas atribuições e intervenção legitimada, maior a liberdade. Na cultura do republicanismo, o conceito de liberdade vincula-se centralmente à noção de autonomia, o que tem duas conseqüências importantes e decisivas: em primeiro lugar, o indivíduo não é autônomo se as leis e o governo do corpo político não contam com a participação do cidadão, se ele é exterior ou submetido a leis e governos dos quais não participa; em segundo lugar, a autonomia do cidadão não é afetada apenas pela maior ou menor presença do Estado, mas também por situações sociais ou culturas de dependência ou subordinação que podem minar a base a condição autônoma do cidadão.

Uma terceira fundamentação da democracia como valor universal está em Carlos Nelson Coutinho, que pretende compatibilizar esse universalismo com a crítica ao liberalismo. Essa elaboração pertence com toda legitimidade à formação da cultura socialista democrática no Brasil, tendo exercido em particular uma função decisiva para a evolução democrática de toda uma geração vinculada à tradição mais ortodoxa do PCB. Este pretende fundar a noção de valor na última filosofia de Lukács, *A ontologia do ser social*, derivando a universalidade da democracia do desenvolvimento objetivo econômico do capitalismo. Em suas palavras, "de um ângulo rigorosamente histórico-materialista, Georg Lukács indica como o valor em geral – e, conseqüentemente, também o valor na esfera política – resulta em última instância da crescente socialização das forças produtivas, do processo econômico necessário que leva a um progressivo 'recuo das barreiras naturais' (Marx), um processo que amplia e complexifica tanto os carecimentos quanto as faculdades humanas". O valor da democracia, para Carlos Nelson Coutinho, citando Agnes Heller, "é uma categoria ontológico-social; como tal, é algo objetivo, mas não tem objetividade natural (apenas pressupostos ou condições naturais) e sim objetividade social. É independente das avaliações dos indivíduos, mas não da atividade dos homens, pois é expressão e resultante de relações e situações sociais".[5]

Ora, nessa derivação "em última instância" da política em relação à economia, nessa objetivação social da democracia "independentemente das avaliações dos indivíduos", há uma clara desvalorização conceitual da política e da cultura para a produção histórica da democracia. A base filosófica que Carlos Nelson Coutinho toma de empréstimo de Lukács (e, então, de Agnes Heller), e que é combinada de modo eclético com as categorias de Gramsci, fecha-lhe o caminho para compreender, de modo coerente, que a democracia não é um valor universal, mas está historicamente sob disputa entre a tradição socialista e a tradição liberal. Não é verdade que a realidade do capitalismo maduro crie, unilateralmente, a "objetividade social" da democracia. Se, seguindo Gramsci, as instituições coletivas da democracia social, os sindicatos e os partidos de massa têm aí um terreno histórico de desenvolvimento, por outro lado, a concentração e centralização do capital e a progressiva mercantilização da vida social vão instaurando a base social de formas autocráticas de poder e de desvanecimento da cultura pública.

O que é, então, universal nas democracias contemporâneas? O princípio de universalização nelas contido, resultante das pressões históricas das correntes ligadas ao mundo do trabalho e ao feminismo, é o direito da liberdade como autonomia. Esse princípio de universalização está, em graus variados, contido, minimizado e, em alguns casos, até mesmo neutralizado pela posição hegemônica do liberalismo.

É a esse princípio que se vincula o sufrágio universal (hoje relativizado em suas implicações democráticas pelo elitismo liberal), o pluralismo político e cultural (no quadro de um predomínio das posições e dos valores liberais), a estrutura dos direitos (do trabalho das mulheres, das minorias hierarquizados ainda

---

5. HELLER, Agnes. *A democracia como valor universal e outros ensaios*. Rio de Janeiro: Salamandra,1984, p. 23.

pela centralidade dos direito do capital), o procedimentalismo constitucional democrático (formulado ainda, em termos gerais, seguindo a fórmula liberal).

A revolução democrática implica, assim, o pleno desenvolvimento desse princípio universal da liberdade como autonomia, hoje presente nas democracias liberais, para além dos limites dessa cultura. Isso significa elaborar politicamente, de forma coerente, a crítica da economia política feita por Marx, que pensa o socialismo não como mera negação do capitalismo, mas como sua superação a partir de seus elementos históricos progressivos.

A revolução democrática encerra, portanto, do ângulo da tradição do socialismo, a disputa e a superação crítica do liberalismo como visão que legitima e estrutura a sociedade capitalista. Sem a afirmação permanente desse princípio de cisão com o liberalismo, a adesão do socialismo à cultura democrática dominante certamente será um caminho de desconstrução da própria identidade.

GRÁFICA EDITORA
Pallotti
IMAGEM DE QUALIDADE

Santa Maria - RS - Fone/Fax: (55) 3220.4500
www.pallotti.com.br